こんなところでつまずかない!

刑事事件 21のメソッド

東京弁護士会 親和全期会
編著

第一法規

はしがき

近年の世の中の急激なICT化、グローバル化、コンプライアンス重視の世の中の風潮等に伴うビジネス環境の変化やビジネスそのものの変化の中、弁護士の業務も新たなビジネスへのリーガル面でのコミットや、伝統的なビジネス分野においてもこれまで弁護士が関与してこなかった部分にスポットを当て、業務を広げていこうという動きが活発です。

そのような大きな変化の中でも、「刑事弁護」は変わることのない弁護士業務の１つの核と言えます。弁護士の仕事は、生のトラブルから法律面での重要な事実を拾い上げ、優先順位を付けて取捨選択して再構成し、依頼者の正当な利益を最大限に図ることにあります。また、その過程において、依頼者や交渉相手とのコミュニケーションスキルが極めて重要になってきます。ところが、刑事弁護においては、依頼者は刑事手続で有罪になるかどうかという切羽詰まった状態に置かれています。主に経済的利益の問題に集約されることが多い民事事件とは比肩できないくらい依頼者の一生を左右する事項を扱うことになります。身柄拘束下という心身ともに大きなストレスを受けている依頼者とのコミュニケーションも、そのスキルを惜しみなく発揮する必要があります。さらに、示談を巡る交渉は、被害者側に一切非がないケースかどうかに関わらず、経済的合理性を超えたところでの交渉であり、民事事件の交渉とは違った難しさがあります。

多くの新人・若手の弁護士にとって、初めての単独での事件受任が刑事弁護であることも少なくありませんが、刑事事件の持つこのような特質から、とても心細い思いをしながら弁護人としての役目を果たしたことは大半の弁護士の共通の経験かと思います。

本書は、主に、60期代の弁護士を中心に、現に刑事弁護を弁護士業務の中核または重要な柱として活躍している弁護士によって執筆されています。即独や早期独立を選択する若手の弁護士が増加するなか、十分なOJT（オンザジョブトレーニング）を受ける環境に浴していない若手弁護士も多いと仄聞しますが、本書が取り扱うケースは、実際に起きたケースを下地としています。座学のみでは学べない刑事弁護の現場での悩みといった現場感覚を、本書を通じて感得していただければ幸甚です。

本書の執筆・編集を担当した弁護士は、いずれも親和全期会に所属する弁護士です。親和全期会は、東京弁護士会に所属する弁護士のうち、最高裁判所の司法修習終了後15年未満の中堅・若手弁護士によって構成される団体であり、現在、所属弁護士は1100名近くを数えます。親和全期会では、弁護士業務に関連する研修や講演会、他士業との連携、会員の視野や会員間の親睦を深める行事の開催、書籍の出版、無料法律相談会の実施等を行っています。また、若手の会員の占める割合が急激に増大するなか、日本弁護士連合会や東京弁護士会の会務・政策へも積極的な取組みを行っています。親和全期会の弁護士は、このような活動を通じて、所属事務所の枠を超えて他の多くの弁護士と交流し、情報や悩みを共有しながら日々切磋琢磨しています。

親和全期会の若手・中堅弁護士は、いずれも創意工夫を重ねて研鑽し、提供できる法的サービスの質を高め幅を広げることに取り組んでいます。そのような活力ある取組みの一端が、本書を手にとられた読者のみなさんの弁護士業務の一助になれば、望外の喜びです。

最後に、本書の出版にあたっては、第一法規株式会社出版編集局編集第一部の秀嶋紗千子氏、宗正人氏、小林千紘氏には、執筆準備から出版に至るまで大変お世話になりました。厚く御礼申し上げます。

令和2年1月
東京弁護士会　親和全期会
令和元年度代表幹事
弁護士　田中博尊

こんなところでつまずかない！
刑事事件21のメソッド

目次 Contents

本書中の体験談は、執筆者自身の経験や他の弁護士へのインタビュー等を元に内容を再構成したものです。各体験談冒頭のプロフィールは、必ずしも各執筆者のプロフィールと一致するものではありません。

凡例

裁判例には、原則として判例情報データベース「D1-Law.com 判例体系」(https://www.d1-law.com)の検索項目となる判例IDを〔　〕で記載しています。

例:最一小判平成10年9月10日民集52巻6号1494頁〔28032717〕

民集　　　最高裁判所民事判例集

本書は2019年11月までに公表されている内容によっています。

Method
01 委任契約

▸ 最初が肝心！

――刑事事件の委任契約の場面は、民事事件と異なり必ずしも依頼者である被疑者の意向が端緒となって弁護士との接触が始まるわけではない。また、刑事事件は対象となる罪名や弁護活動の内容が流動的である。したがって、契約対象の範囲についても、流動的な弁護士の委任業務に対応できるような契約書の工夫が必要である。

被疑者との意思疎通の確立～委任契約の前に確認すること

まだ、弁護人に選任されていない弁護士が最初の接見におもむくのは、当番等での出動要請がある場合だけではなく、被疑者の親族等の要請で接見におもむく場合が少なくありません。

したがって、いきなり捜査状況の確認等の本題に入ったり、弁護人選任の手続の話題に踏み込むことはありません。まずは、自分が誰の要請で来たのかを確認する必要があります。場合によっては、被疑者が当該親族が要請した弁護士への依頼を望まない場合もありますので、自分の接見を続けてよいか、というところからの確認となります。接見を受け入れてくれたとしても、弁護人選任に向けてはまだ超えるべきハードルはあります。弁護人制度に対する理解は被疑者ごとにまちまちであり、弁護士に対するイメージも必ずしもよいとは限りません。場合によっては取調べの捜査員により親近感を覚えている被疑者もいますので、弁護士・弁護人制度への理解度に応じて弁護人選任のメリットを説明していく必要があります。

また、接見禁止が付いている場合には、出動要請をした親族等には、被疑者の弁護人選任状況も不明であり、接見に行くと他に接見した弁護士が存在していることもあります。弁護人の競合の問題を避けるためにも他の弁護士の関与の有無は最初に確認しておくことが必要です。

委任契約の際の注意点①～誰と契約するのか

弁護士として選任されることが決まれば、刑事事件においても契約書を作成することが必要です。少し前の時代ですと、被疑者からは弁護人選任届のみを取得して、契約は身柄を拘束されていない関係者等と行うことも実際には多かったと推測されます。しかし、刑事弁護はあくまでも被疑者のために行動する以上、刑事弁護の委任契約の主体が被疑者等と異なることは好ましいことではありません。もちろん、親族等と委任契約を締結した場合でも、依頼の内容は被疑者のために行動することが義務なので、委任事務の内容が変わるわけではありません。しかし、何が最善かの判断に被疑者本人以外の人物の意向が依頼者の意向として過度に持ち込まれるなど、刑事弁護活動を阻害する可能性もあります。したがって、委任契約も被疑者本人と締結するようにしてください。

委任契約の際の注意点～②何を契約するのか

刑事事件は、被疑者段階での罪名は仮のものです。また、当該身柄拘束の被疑事実以外の余罪が存在し、別件で再逮捕ということも少なくありません。まずは、当該契約の効力が及ぶ範囲を明確にする必要があります。同じ罪名についても、身柄解放、接見禁止の解除等の弁護士費用については、着手金段階から弁護士費用を別にするのか報酬段階での加算事由のみとするのかは弁護士ごとにも異なり、同じ弁護士でも事件の難易度等によって異なることもあります。したがって、契約書はこれらいろいろな要請の組合せに対応できる様式にしておくことが望ましいといえます。

もちろん、委任契約書は弁護士が弁護士費用を確保するためにだけ作成するわけではありません。契約書作成の本来の趣旨は、依頼者である被疑者等に、契約条件を明確に示して理解してもらうことです。したがって、契約書は可能であれば事前に差し入れ、接見の際に時間をかけて説明し、すぐに被疑者が理解できる様式であることが必要です。被疑者等の理解度によっては、通常の様式をもとに注意書きなどを付加することなどの工夫も必要です。チェックリスト式の契約書はわかりやすいものといえますが、被疑者等の目線で見た場合にはまだまだ疑問が生じる余地はあると思います。例えば、専門用語の後に括弧書きで簡単な注記を入れるとか、再逮捕の場合には弁護士費用が別となるなら、その旨を明示する文言を入れておくようなことも１つの方法です。

国選の場合

被疑者国選弁護等の場合には、契約書の締結の問題が生じない代わりに、弁護人の選任が弁護士の関与しないところで行われることからくる注意点もあります。例えば、上記の再逮捕の場合、再逮捕の被疑事実は現在担当の事件とは法的には別事件である以上、自動的に再逮捕事案に対して既選任の効力が及ぶわけではありません。

また、国選弁護については、弁護士職務基本規程上、国選弁護人が被告人その他の関係者に対して、自分をその事件の私選弁護人に選任するように「働きかけをすること」が禁止されています（弁護士職務基本49条２項)。したがって、この条文自体は、国選弁護人から私選弁護人への切替え自体は禁止していないと解されます。しかし、実際にこのような切替えを認めるかどうかについては、各弁護士会の運用において一般的にかなり慎重な運用がなされており、一切切替えを認めない単位会も存在します。仮に働きかけを行っていないケースでも、どちらが働きかけたかについては必ずしも明確できるわけはありません。したがって、国選弁護人が自分自身を私選弁護人に切り替えることについては、現実的には消極的に解せざるを得ないといえます。

なお、国選・被疑者国選等の弁護士会や法テラスでの手続については、近時被疑者国選の対象拡大、国選付添制度の導入等に伴い複雑になっています。各弁護士会や法テラス所定の手続に十分注意して受任等の手続を行ってください。

体験談1

再逮捕の可能性を考えていなかった！

弁護士３年目　男性

刑事事件ではさまざまな事態が考えられる

私選で刑事事件を受ける場合、委任契約書を作成することになります。民事事件の場合には、「成功報酬は経済的利益の○％」と記載することが多く、そのように記載しておけば足りることがほとんどではないでしょうか。他方、刑事事件の場合には、さまざまな事項について成功報酬を設定することが多いです。しかし、刑事手続における用語が難解であることも相まって、契約時には想定していなかった事態が発生したり、依頼者から、「契約書に記載がないから払わない」と言われてしまうこともあります。今回は、私が今まで経験したことについての話です。

別件の存在

よくあるのが、別件についての記載です。余罪が存在する可能性をすっかり忘れてしまい、逮捕されている被疑者の母親から連絡を受け、委任契約を結んだところ、実は多数の余罪があり、それについても再逮捕されてしまったという事案がありました。聴取した内容からして再逮捕が予想される場合には、委任契約書に再逮捕に関する事項を入れるべきです。再逮捕が予想されない場合であっても、委任契約書の委任の範囲を明確にし、万が一再逮捕された場合にも契約内容に疑義が生じないようにしておく必要があります。

なお、再逮捕や在宅での追起訴があっても、ほとんど作業量は変わらず、追加で弁護士費用を請求するまでもないことも多々ありますが、そのときは請求をしなければよいだけの話です。私も、再逮捕分については、弁護士費用を請求しないことも多いです。

事件名を特定する際に、「詐欺被疑事件について」などとすることもあるかと思いますが、それでは、余罪も含む趣旨なのかが明確ではありません。「令和○年○月○日に発生した事件」や「令和○年○月○日に逮捕された詐欺被疑事件」などと特定することで、再逮捕や追送致があった場合には、原則として別途契約が必要であることを明示することができます。

また、不起訴の場合の成功報酬についても、複数ある被疑事実のうち、1つが不起訴になるごとに成功報酬が発生するのか、全て不起訴にならないと発生しないのかを明記しておく必要があります。

「覚書」を利用する

委任契約の際に気を付けていたとしても、事件を進めていると、不測の事態はどうしても生じます。私は、そのような事態が生じた結果、費用が発生する条件を追加する必要が生じた場合には、依頼者との間で

「覚書」を作成しています。契約時に予想できなかった理由、追加する条項が合理的であることを説明すれば、覚書にサインしてくれることも多いです。

参考までに、今まであった覚書の例を挙げておきます。

・(もともとの契約書)「観護措置を回避した場合」

→鑑別所への収容は回避できたが、在宅での「家庭裁判所調査官の観護」(少年法17条1項1号) になった場合。観護措置であることには変わりないため、このままでは成功報酬を請求できない。「少年鑑別所における観護措置を回避した場合」などとすべきである。

・(もともとの契約書)「不起訴の場合」

→被害者がまだ被害届を出していなかったため、被害者との示談が成立した時点で、警察限りで終了した場合。不起訴処分ではないため成功報酬を請求できない。「不立件・不起訴の場合」などとすることで対処できる。

体験談2

弁護人の競合と委任契約

弁護士7年目　女性

友人からの接見要請

私の友人から「知り合いが警察に逮捕されたので接見に行ってもらいたい」と要請を受け、身柄の解放も検討し得る緊急性のある案件と判断し、すぐに接見に向かいました。

初回接見と委任契約

現状や今後の身柄解放の手続などを説明のうえ、弁護人選任届、委任契約書、身柄解放に必要となる資料等を差し入れました。私は当時民事とさほど変わらない一般的な委任契約書を使用しておりました。

弁護人選任届と委任契約書は宅下げを受けましたが、勾留質問が間近に迫っており、関係調整等も行う必要もあったことから、その他の書類は次回接見までに記入をいただき宅下げをすることとしました。

その際、「これから当番弁護の先生が接見に来ると思うが、すでに弁護人を選任済である旨を伝えてください」とお願いし接見を終えました。

翌日の接見と別の弁護人の選任

その後、身元引受等のために関係調整を行いましたが、被疑者の配偶者が電話に出ず、事情を説明するためにも翌日早朝に再度接見に行きました。

接見に行くと、被疑者から「別に弁護士を追加した」との話があり、驚いて詳しく話を聞くと、被疑者の配偶者が別の弁護士と委任契約を締結のうえ、接見の要請をしていたようで、最も迷惑をかけているであろう配偶者からの依頼でもあった手前、断るに断れず、委任契約を締結してしまったとのことでした。

何より問題だったのが、被害者への謝罪文や誓約書など、私がお願いして準備していた身柄解放の際に使用する書類を、全て新しく選任した弁護人に宅下げされてしまっていたことでした。

勾留質問まで時間が差し迫っていたことや、すでにこちらで身柄解放に向けた関係調整なども実施していたことから、大変困惑させられました。

体験談３

指印証明って何？？

弁護士５年目　男性

初めての当番出動

弁護士１年目で初めて当番弁護士として接見に行った時のことです。それは、初めての刑事事件でもありました。

弁護士会から電話があり、FAXを受け取り、当番要請をした被疑者のもとへ駆けつけました。接見をしたところ、被疑者からは私選弁護人の申入れを受けたので、弁護士会の研修で言われたとおり、弁護人選任届と委任契約書に指印署名をもらって、晴れて初めて弁護人となったのでした。

当番接見をした翌日に検察庁へ送致と聞いていたので、翌日、弁護人選任届の原本と、受領印をもらうための写しとを両方持参して、検察庁へ勇躍して乗り込みました（これでバッチリと思っていました）。そして、検察庁の受付で、弁護人選任届の提出場所を指示され、そちらで提出しました。そのときまでは、確認して、受領印をもらってすぐに終わるのだろうと思っていました……。

検察庁において

しかし、検察事務官から驚きの一言が。「先生……、この弁選、指印証明がないんですけど……」。私は、一瞬何のことを言っているのかがわからず、「はぁ？」と間抜けな声を上げてしまいました。すると検察事務官は、「いや、警察で指印証明をもらってきていただかないと受け付けられないんですけど」とおっしゃるわけです。指印証明が何なのかを認識していなかった私ですが、警察署の留置でも何も言われなかったことから、当然のように、そのまま弁護人選任届を提出したのでした。私としては、指印証明が必要なら、警察署の留置でやるべきとの思いもあったことから、「指印証明が必要というのは、刑事訴訟法等の法令に定められていることなんですか？」と質問したところ、検察事務官は「そういうわけではないんですが、そういう運用にさせてもらっているので……」と歯切れの悪い回答でした。そこで、私は「捜査機関側の落ち度なのですから、担当検事が不起訴にすると約束してくれるなら、警察署に再度指印証明をもらいに行ってもいいですが」と伝えました。すると、検察事務官は「少々お待ちください」と述べて、事務官が何人も集まって協議したり、どこかへ電話をかけたり（おそらく検察官へ）と、バタバタし始めました。

そうして、かれこれ30分以上待たされた後、検察事務官が「今回は特別に受け付けます。できれば、次回からは指印証明をもらってきていただけると助かります」と述べ、無事に弁護人選任届を受け付けてもらいました。

検察庁、警察ともに、どのような根拠なのか不明な運用はいろいろありますが、法令の根拠がないものもあるのだなということを実感した出来事でした。

体験談 4

国選事件の再逮捕時における手続

弁護士 4 年目　女性

初めての国選事件

弁護士になって初めて刑事事件を担当する国選研修で、大麻所持被疑事件が配点されました。

当番事件と違い、受任時の面倒な手続書類もなく、すでに勾留決定された被疑者に接見に行くところから弁護活動を始めました。

今思えば、当然再逮捕を予測すべき罪名なのですが、駆け出しだった当時の私は再逮捕のことまで考えが及んでいませんでした。

保釈請求と再逮捕の知らせ

準抗告が奏功しなかったことから、起訴後に備えて保釈支援協会の支援決定をもらい、起訴後すぐに保釈請求書を提出しました。裁判官との電話面接の予約をして事務所に戻ってきたところ、警察署から「被疑者が再逮捕されました」との電話がありました。

必要な手続は！？

再逮捕の知らせを聞き、国選でこのまま再逮捕分も担当できるのか、取り付けなければならない書類があるのか、想定していなかった事態に私は完全にパニックに陥りました。

保釈請求をしていることも含めて事務所の先輩に相談したところ、保釈保証金の合計額が高額になる可能性があり、別事件分の保釈が認められない場合には身柄解放されないため、いったん保釈請求は取り下げるようアドバイスをもらい、すぐに14部に電話をして保釈請求の手続を止めてもらいました。

また、新たな被疑事件についての選任要望書を用意しておき、勾留請求された段階で14部に提出すること、被疑者本人にも勾留質問時に「今の国選弁護人を引き続き選任したい」旨回答するように注意しておくよう指導を受けました（当番の際と同じ)。保釈支援協会には契約書を提出していない段階だったのでそのままにしておきました。

当時、東京では11時ルール（勾留請求日の朝11時までに要望書を裁判所に提出しないと、事前に法テラスにFAXしていても別の弁護人が選任される）がありましたが（現在は廃止)、地方修習だったためにきちんと把握しておらず、大慌てで逮捕翌々日までの予定を調整しました。

再逮捕時の選任手続について確認せずにいたら、再逮捕分は別の国選弁護人がついていたかもしれません。その場合被疑者は打合せや公判準備等でいらぬ混乱をしたでしょう。弁護活動の出発点、基本の重要性を痛感しました。

ワンポイントアドバイス

刑事事件の最初にやることは？

刑事事件においても、受任に際しては依頼者に事件の見通しを伝え、どのような場合に費用や報酬が発生するかを説明して、契約書を交わします。このこと自体は民事事件と変わりません。

ただし、刑事については、受任に際して十分な情報のやり取りができず、他方で、刑事独特の報酬発生場面が考えられます（釈放、不立件・

不起訴、罰金落ち、保釈、示談、執行猶予付き判決、無罪判決など)。

可能な限りの事態を想定した委任契約書式を用意しておき、受任に際してはその事件の展開を予想して契約書に書き込むのが理想です。

委任契約書は被疑者(被告人)本人と交わしましょう。

そのうえで、別件との区別を意識した報酬要件、弁護人競合時の規定、また覚書の活用といった、経験に基づく工夫を参考にしてください。

私選事件の弁護活動は、弁護人選任届の取得・提出から始まります。留置係の指印証明をもらうことのほか、提出先等を再度確認してください。

国選事件の場合、委任契約や弁護人選任届の心配はありませんが、再逮捕時には、新たな被疑事件の弁護を担当するために一定の対応が必要です。

なお、再逮捕可能性と保釈請求の当否は、国選事件に限らないテーマです。私選の場合ならどうかという視点からも、体験談を読み返してみてください。

Method

02 出頭同行

▸ 先生！ 自首したいんです！

――出頭同行を希望する依頼者は、自責の念に駆られ、いつ逮捕されてしまうかに怯えており、時には、今すぐにでも出頭したいということもある。そのような依頼者に、出頭することでどのようなメリット・デメリットがあるのかを専門的な視点をもって説明することが重要である。

受任時における注意点

罪を犯してしまった人から、「出頭したい、出頭の場に弁護士に同行してほしい」と依頼を受けることがあります。しかし、依頼者を出頭させるべきか否かの見極めは、難しいものです。なぜならば、出頭することが、必ずしも依頼者のメリットにならない場合があるからです。

例えば、依頼者は、「自首」（刑法42条）に当てはまることを期待して出頭したものの、すでに捜査機関に犯罪及び犯人が発覚しており、「自首」に該当しなかったという場合もあり得ます。他のケースとして、依頼者は、逮捕回避となることを期待して出頭したものの、出頭したがために逮捕されてしまったということもあり得ます。しかも、これらの効果を期待して出頭する場合には、基本的には、依頼者に供述をさせることが前提となります。出頭時に、供述させることで、その後の捜査段階及び公判段階の弁護活動にどのような影響を与えるかの予測を立て、利益衡量をしておかなければなりません。

このように出頭というのは、リスキーな選択です。そうであるからこそ、現在の依頼者の状況からして、捜査がどのように進んでいるのか、あるいは捜査されていないのか、出頭することでどのようなメリットを得られるか等を見極めることが重要になってきます。

受任時に、捜査の予測を立てて、出頭することでどのようなメリットとデメリットがあるかをよく説明したうえで、依頼者に最終的な選択を任せるのが望ましいでしょう。

出頭時の注意点

出頭する前に、身元引受人を確保したいところです。できれば、身元引受人にも出頭に同行してもらいたいものです。身元引受人が同行することで、現場の警察官に、依頼者は、罪証隠滅や逃亡しないという印象をより強く植え付けられ、逮捕状の請求を思いとどまらせることができるかもしれないからです。同じ理由で、証拠物を持参することも望ましいでしょう。

出頭先の警察署は、犯行現場を管轄とする警察署です。

そして、出頭したからには、自首調書を作らせるべきです。自首に該当することを、証拠に残しておくためです。

体験談 1

出頭に同行して逮捕を回避する

弁護士２年目　男性

「出頭した方がいいんでしょうか……」という相談

「今日、駅で盗撮をして見つかりましたが、怖くなって逃げてきてしまいました……」という相談を受けたことがありました。この依頼人Aさんは、駅の階段でスマートフォンを用いて盗撮をしていたところ、被害者に見つかり腕をつかまれたので、振り切って逃げてきてしまったということでした。さらに、Aさんは、盗撮に使ったスマートフォンを現場に落としてしまったというのです。

Aさんのスマートフォンが解析されれば、警察が犯人はAさんであると特定するのは時間の問題でした。さらに、比較的軽微な盗撮事案とはいえ、Aさんは現場から逃げているので、逮捕のリスクも高い状況でした。そこで、私は、Aさんを警察署に出頭させて犯行を自白させることで逮捕を回避し、この事件の捜査を在宅で進めてもらうことを目標に弁護活動を行うことにしました。

逮捕回避を求める意見書を準備する

Aさんの逮捕を回避するためには、事件を担当する警察官に対して、本件ではAさんの逮捕の要件が満たされないことを疎明しなければなりません。そのために、私は、Aさんには「逮捕の必要性」（刑事訴訟法199条２項ただし書、刑事訴訟規則143条の２）がないことを記載した意見書を作成しました。この意見書には、逃亡や罪証隠滅をしない旨を記載したAさんの誓約書や、Aさんを監督する旨のAさんの家族の電話聴取報告書、Aさんの職業を疎明する資料を添付しました。

また、警察官が裁判所に対して逮捕状を請求し、Aさんに対する逮捕状が発付されてしまったら、たとえAさんが自ら出頭しても逮捕を避けることはできません。そこで、逮捕状が発付される前に出頭するため、Aさんから相談を受けてから約1時間で意見書を準備し、その日のうちにAさんを連れて警察署に行くことにしました。

警察署で3時間待った末……

Aさんを連れて警察署に行き、私が受付に対して事情を説明すると、体格のよい警察官が何人もやって来て、威圧するかのように「何しに来たんですか？」と凄んできました。警察官の圧力に驚きましたが、毅然とした態度で意見書を手渡して事情を説明し、Aさんを取り調べたうえで在宅で捜査を進めてほしい旨を申し入れました。すると、警察官は、「逮捕しないという約束はできませんよ」と言って、Aさんを連れて取調室に入っていきました。

私は、取調べがいつ終わるかわからないまま、警察署のロビーでAさんが出てくるのを待ちました。途中から身元引受人となる家族も合流しました。祈るような気持ちで合計約3時間ほど待っていたところ、Aさんが警察官に連れられて取調室から出てきました。

警察官からは、今後は在宅で捜査を進める旨の説明があり、Aさんは逮捕されずに自宅に帰ることができました。両親が警察の用意した身元引受書に署名をしている間、警察官と話をしていると、「あと少しで逮捕状を請求するところだったが、Aさんが自ら出頭して反省している様子だったので、逮捕状は請求しないことにしました」と言われました。急いで出頭した甲斐があったと嬉しくなったのと同時に、迅速な弁護活動の重要性をあらためて感じました。

体験談 2

少年事件の出頭同行

弁護士２年目　女性

友達が逮捕された？　～高校生の少年からの連絡～

ある日、高校生の少年（以下「A君」）から、電話がありました。「友達（以下「B君」）が今日逮捕された。自分も関与している事件が理由だと思うので、どうしたらいいか教えてほしい」私は、緊急性の高い事案であると考え、その日のうちにA君とその両親に来所してもらい、話を聞くことにしました。

事案の概要

A君によれば、事件の顚末は以下のようなものでした。

A君は、中学校が同じであったB君と、違う高校に通うようになった今も仲良くしている。A君は、B君と同じ高校に通っており、B君の彼女であるCさんと3人で遊ぶことがしばしばあった。ある日（数日前）、3人で出かけたところ、Cさんの様子がいつもと違い、落ち込んでいるように見えた。そこで、A君とB君がCさんに理由を聞いたところ、Cさんは前日に、部活の先輩であるD君の自宅に呼ばれ、半ば強引に体を触られたとのことだった。

A君とB君は、仲良くしていたCさんをD君が傷つけたことに憤り、D君に謝罪させるために、Cさんから連絡をとってもらい、D君を呼び出した。その話合いの際、D君の態度があまりに不誠実であったため、A君とB君は怒りの感情を抑えられなくなり、2人でD君を複数回殴ってしまい、現場から逃走した。その後は、しばらく何もなかったが、今日、B君が警察に逮捕された。

警察署への出頭同行と逮捕の回避

私は、A君の話を聞き、B君が逮捕されたことを踏まえると、A君も早晩逮捕される可能性が高いと考えました（なぜA君がB君と同時に逮捕されなかったのかは不明ですが、被害者であるD君が、B君の身元の特定に関する情報しか保有していなかったのかもしれません）。しかし、A君は授業に出席する必要があるのはもちろんのこと、A君の高校では近日中に中間テストを控えており、身柄拘束によりテストを受けられなくなれば、留年してしまうおそれがありました。

そこで、私は、A君が逮捕されるリスクを可能な限り下げるために、A君及び両親と協議し、所轄の警察署に出頭する方針を固めました。私は、①A君が事実関係を認め、事件関係者と接触しないことを約束する誓約書、②A君の両親が本件の重大性を認識し、A君を監督することを約束する身元引受書及び③A君が拘束された場合の不利益についての資料（高校の単位認定に関する書類の写し等）を疎明資料とする逮捕回避意見書を作成しました。そして、相談の翌日、当該書面を持参して、A君及びその両親と、所轄の警察署に出頭しました。

警察署で担当刑事と話したところ、確かに警察では本件を事件として取り扱っており、A君の身柄拘束も視野に入れて捜査を進めていたようでした。しかしながら、A君が事実関係を認めて、保護者を伴い出頭したこと、及び逮捕回避意見書に記載した中間テスト等の事情も考慮して、担当刑事は、A君の身柄を拘束せずに捜査を進めることを約束してくれました。

「身柄引上げ」とは？

上記のように無事逮捕を回避できたのですが、本件には後日談があります。警察と検察は、確かに本件を在宅事件として捜査を進めてくれたのですが、その後事件が家庭裁判所に送致される段階で、弁護人の活動も空しくA君は観護措置（少年法17条1項）をとられ、鑑別所に送致されてしまったのです。このように、少年事件では、逮捕・勾留を回避できたとしても、家庭裁判所による観護措置の可能性があり、その点にも留意した弁護活動を行う必要があります（実務上、在宅事件において観護措置がとられることを「身柄引上げ」といいます）。

条文上、観護措置の要件は単に「審判を行うため必要があるとき」と規定されていますが（少年法17条1項）、実務上は、その一要素として「観護措置の必要性」が必要であると解されています。そして、観護措置の必要性は、以下の3つの要素により判断されます（田宮裕＝廣瀬健二編『注釈少年法〈第4版〉』有斐閣（2017年）185-188頁）。

（ア）調査・審判及び保護処分の執行を円滑にするための身柄確保の必要性

（イ）少年の緊急保護のための暫定的身柄確保の必要性

（ウ）収容して心身鑑別を行う必要性

上記（ア）は成人の場合における勾留の理由と判断要素がほぼ共通しますが、上記（イ）及び（ウ）は観護措置特有の判断要素であるため、逮捕に加えて観護措置の回避を求めていく場合は、これらの点にも留意する必要があります。

本件では、A君は出頭により中間テストの時期の身柄拘束は何とか回避できたものの、その後の観護措置により、約4週間にわたり高校を欠席せざるを得なくなり、身柄拘束の不利益は小さくありませんでした。出頭から家庭裁判所送致までの期間に、観護措置を回避するための環境設定、疎明資料の準備をより入念に進めることができなかったのか、課題の残る事案でした。

ワンポイントアドバイス

出頭が適切かどうか、見極めよう

体験談１においては、逮捕状請求間近だったことからすると、出頭の選択は身柄拘束を回避するうえで正解でした。が、出頭を勧めることがいつも適切というわけではありません。依頼者が被疑者として特定される可能性や立件可能性がどの程度あるかを慎重に見極めなければ、出頭が依頼者の意図に反する場合が生じるでしょう。

この点の見極めに際しては、犯行直後の被害者の様子、被疑者の逃走の態様、事件現場周辺の防犯カメラの有無、遺留品の有無などを考慮することになります。電車内や、駅ホームにおける事件の場合には、交通系ICカードの利用履歴から被疑者の特定につながることもあります。

少年事件の場合、出頭によって身柄拘束を回避しても、なお家庭裁判所による観護措置がなされる可能性がありますので、その回避に向けた対策も必要です。

Method

03 接見対応

▸ 被疑者に“武器”を与えよ

――接見要請があり、被疑者の所在がわかれば初回接見に駆けつける。状況を聞き、被疑者の権利を知らせて取調べ対応を含む方針を決めたいところだが、すんなりといかないことも多々ある。

被疑者の視点から

弁護士は一定の使命を帯びて初回接見に臨みます。

初回接見時の弁護士の姿は被疑者にどう見えているのでしょう。また、被疑者自身はどのような状況に置かれているのでしょうか。

接見対応においてはこれらの視点が欠かせません。

弁護人との意思疎通が最大の“武器”である

弁護士（すでに選任されていれば弁護人。関係者の要請に基づく場合や当番弁護の場合は、弁護人になろうとする者。以下、総称して「弁護人」といいます）が被疑者と接見する場合には、次の使命を帯びています。

すなわち、被疑者から自身の認識とともに事件の状況を聞き、これまでの弁解状況を聞き、捜査官の言動など捜査の状況を聞き出すこと。それとともに、被疑者の権利を説明して、取調べ対応を含む方針を決定することです。

加えて、被疑者の心身は健康か、さらには被疑者に対して不当な圧迫（留置の対応に問題がある場合と、捜査官の接し方に問題がある場合が考えられます）がかけられていないかにも目を配り、改善を求める必要もあります。

これらの使命を実現するために、弁護人には多くの特権が与えられ、また弁護人の立場を尊重する解釈・運用が行われています。

弁護人と十分なコミュニケーションがとれていることが、被疑者にとって最大の“武器”の１つとなるのです。

被疑者の立場から見た初回接見

他方、面会室に入ってきた弁護人は、被疑者からはどう見えるでしょう。弁護人選任の状況や、被疑者の知識経験等によっていろいろな見え方がしているはずです。

私選の場合、多くは関係者の要請に基づいて接見に来たのでしょうから、何者が来たのか、被疑者にはわかりません。誰の依頼で来たのか、氏名は何か、というところから話が始まります。

当番や国選の場合は、被疑者は弁護人が来ること自体は知っていて待ち望んでいる一方、あまり熱心に弁護活動はしてもらえないと誤解していたりもします。

被疑者の知識経験や社会的地位などによっては、弁護士という職業に対して身構えてしまう人もいます。他方で、マンガやドラマの影響から、白を黒にするのが仕事だと誤解して、過剰に期待する人もいるでしょう。

逆に、事件のことには全く関心がなくて、外部連絡をしてもらうことにのみ関心を抱いている被疑者もいます。

初回接見時の捜査の段階

初回接見時に捜査はどのような段階にあるでしょうか。

逮捕直後の面会の場合は、警察官調書としての弁解録取書はとられているものの、詳細な取調べは未了でしょうから、ゼロから対応方針を検討することができます。

他方、国選事件の場合、すでに勾留が付いた状況のため、身上調書、事件内容を一通り説明した供述調書、さらに検察官調書としての弁解録取書に加えて、裁判官面前調書としての勾留質問調書が作成されているはずです。場合によって、被疑者自筆の自供書（上申書と題されることが多い）が作成されていることもあります。

これらに際してどのように供述したのかをしっかり確認しなければなりません。

被疑者によっては、不本意な調書に署名指印をしてしまい、もはや手遅れ、弁護人が今さら来ても無駄、という心境に陥っている場合もあります。

取調べと同じようなことを聞かれるのにうんざりして口をつぐんだり、あるいは取調べで整理された内容が記憶に上書きされかけていることもあるでしょう。

初回接見スタート

このような状況から、初回の接見がスタートします。

初回接見においては、弁護人が被疑者にとっての“武器”となるための基礎作りをすることになります。

そのためには、以上のような被疑者の置かれた状況を的確に把握し、場合によっては想像をして、初回接見に臨む必要があります。

体験談 1

弁護人に心を開かない被疑者の対応

弁護士 3 年目　男性

被告人国選での初回接見と沈黙

被告人国選で担当をすることになった被告人 A さんのもとに接見に行きました。

接見では、通常どおり、私がなぜ来たのか、守秘義務を負っていること、A さんの味方であることを伝えました。

しかし、A さんは、一言も発さず、下を向くばかりでした。1 時間ほどこちらから話し続けるも、反応が全くありませんでした。

ここまで全く話さなかった人はいなかったため、これは困ったと思いつつも、話してもらえないことにはどうにもならないので、覚悟を決めて毎日接見に通うことにしました。

二度目の接見と自己開示

二度目の接見では、あえて事件の話はせずに、私がなぜ弁護士になったか、最近仕事がどうかなど、自分のことを話しました。

それでも、A さんは俯いたままで、はっきり話すこともありませんでした。

しかし、初回接見とは変わって、時折、少し笑ったりすることもあり、進展したものと信じ、接見を終えました。

その後の接見と公判

三度目の接見も同様、事件と関係ないことを自分1人で話しつつ、20〜30分ほど話したところで、ふと事件のことをAさんに聞いてみました。

そうすると、Aさんは、ぽつぽつと話し始めました。そこからは、少しずつ雑談を交えながらも事件について話すようになりました。その際、Aさんの話し方や人となりを踏まえ、言葉遣いや目線を合わせるよう意識して話をしました。

この日以降もほぼ毎日接見に行きました。

その結果、どのような気持ちでそのとき犯行を行ったのか、警察に伝えた内容とは異なる事実など、さまざまなことを話すようになり、最終的には検察官からの質問への対応なども細かく準備し、公判を迎えることができました。

準備の甲斐があり、被告人質問もスムーズに進みました。

その結果、同種犯罪の中ではAさんに相当有利な判断となりました。

体験談 2

捜査の把握状況を推測して供述するなかれ

弁護士5年目　女性

よくある相談

被疑者にもいろいろな人がいて、どうやったら自分の刑を軽くできるかということに執心し、あれこれと知恵をめぐらせる人もいます。悪くすると、逮捕前からそんなことばかり考えていたりもします。

なぜ足がついたのか

グループによる犯行の事案で、面会した被疑者が、「どうして足がついたのか、絶対にばれないと思っていたのに」としきりに不思議がっていました。

分厚い捜査報告書

その答えは、後に検察官が開示した、犯行発覚ないし被疑者割出しの経緯を記した分厚い捜査報告書に書かれていたのでした（こんなことがあるんだと話す材料として、少し詳しく書こうと思います）。

それによると、刑事らが被疑者の携帯電話の位置検索（電波局を割り出せるだけで、GPSのような精度でない）に基づいて張り込みをしていたところ、「たまたま」被疑者の車がそこを通りかかった、その付近の弁当屋に聴取したところ、1か月ほど路上で弁当を受け取っている者がいるとのことであり、注文時の電話番号を調べると、被疑者の番号に一致した、弁当受渡し場所の近くの賃貸借契約を検索したところ、被疑者らのアジトを見つけた、ということでした。

また、同じ事件で、被疑者らは、ラブホテルの一室から被害者に対して電話をかけて金を振り込ませていました。刑事らは、被疑者らが利用するラブホテルを割り出し、張り込みの末、レンタカーに乗ってきた被疑者らが部屋に入ると、その真上の部屋に張り込んで動静を見張り、また被疑者らが入った部屋のドアに近づいて部屋の中の様子をうかがって、欺罔文言や、振込先口座名を聞き取ったのだということでした。

捜査の把握状況を推測して供述内容を決めてはいけない

この捜査報告書記載の捜査手法をそのまま信じることはできませんでした。おそらく、警察は何らかの手法で答えを先に知り、後からつじつまを合わせたのだろうな、と感じました。

逆に言うと、捜査は、思いもよらないところから情報をとっているものです。捜査の動向を先読みして供述内容を調整するようなマネは避けた方がよい、と強く感じました。

誰にとって有効な助言か

捜査の把握状況を推測して供述内容を決めるな、ということは、最初に述べたような頭の回る被疑者に対して有効な助言なのです。黙秘権があること、反省や悔悟から自供をするなら真実を語るべきであることは、弁護士なら当然にわかっているでしょう。しかし、往生際の悪い被疑者は、自供しているふりをして、自分に不利なことや本当に大事なことを隠そうとします。そして、そのためにどうやって話せばよいかということばかり弁護人に相談したがります。

後日談　被疑者の思い当たり

この事件で被疑者（その時点では被告人）にこの話をしたところ、被疑者はこう言いました。「刑事が言ってました。お前たちの車はずっとつけていたし、電車に乗ったときにはお前たちのすぐ脇を何度も通り抜けて様子をうかがったと。思い当たることがあるんです。警察をなめてました」

体験談3

不適切な対応が疑われる留置・取調べで

弁護士５年目　男性

担当警察官へのクレームではなかなか改善しない実情

弁護人として接見に通っていると、結構な確率で、被疑者・被告人から、留置にいるときや取調べの際の警察官の不適切な対応についてのクレームや相談等を受けます。そのような場合には、留置や捜査の担当警察官にクレームを入れて、改善を求めるということはよくあるかと思います。しかしそれだけでは、対応が変わらないことも多いのが実情です。

そんなとき、とあるところで一緒になったヤメ検から、警察は検察に苦手意識があるため、検事正宛に書面で抗議されることに強い抵抗感を持っているという話を聞きました。その後に被疑者・被告人から警察の対応に対する相談を受けた際、警察官に対して、検事正に正式に書面で抗議することも辞さないと伝えてみました。そうすると、次回接見に行った際、被疑者から「先生ありがとうございます。あれから、ピタッと嫌なことをされなくなりました」と大変感謝されました。

考察

真偽のほどは定かではありませんが、検事正に書面での抗議が入った場合には、検察庁としては、形だけであっても、調査をしなければならないようで、警察としては、検察官が乗り込んでくることに対しての抵抗感がものすごく強いことから、改善しておこうということになるようです。

それ以来、被疑者・被告人からクレームや相談等があった場合には、検事正への抗議も視野に入れながら改善を求めるようにしていますが、どこもすぐに改善していただいています。

ワンポイントアドバイス

貴重な面会時間を活かし切ろう

被疑者との面会時間は貴重です。その中で弁護人は被疑者の言い分を聞き、心情を理解し、同時に必要な情報を受け取り、そして取調べ対応等に関する重要な法的助言を行わなければなりません。

まず、被疑者と十分に意思疎通ができなければなりません。弁護人に就任したとはいえ、初対面かつ赤の他人であることを忘れずに信頼関係を築いていきましょう。

次に、適切に事案を聞き出したうえで戦略を練る必要がありますが、被疑者は逮捕そのもののショック等から黙り込んでしまったり、刑罰をおそれるあまりどのように言い逃れをしたらよいか相談してきたりします。弁護人に対しても正確な説明を拒むことがあります。このような被疑者の態度を頭ごなしに否定せず、上手に被疑者との会話を交通整理し、弁護の意義を理解してもらって、必要な情報交換をしましょう。

取調官の言動や、勾留時の留置係の取扱いを含む被疑者の心身の状況について、弁護人は、不適切な状況がないかを監視しなければなりません。必要に応じて、苦情申入れをしましょう。また、被疑者に体調などを聞くことは、思いがけず信頼関係構築につながることもあります。

Method

04 接見あるある

▸ 被疑者のお願い、どこまでできる?

——家族や友人への伝言、ペットの餌やりなど、弁護人が逮捕・勾留中の依頼人から頼まれるお願いごとは多岐にわたる。身体拘束によって社会から隔絶された被疑者・被告人にとって、自分の身の回りのことについて依頼できる唯一の頼みの綱が弁護人しかいないことも少なくない。弁護人の責務として、雑多な依頼をどこまで引き受けるか。大切なのは、「できること」と「できないこと」の線引きだ。

外部への連絡

身体拘束を受けた依頼人から最も多く頼まれることの1つが、家族や友人等に対する連絡です。

弁護活動との関係で考えてみると、身柄解放活動の際の身元引受人の準備や、示談金の捻出など、依頼人の周囲の人間の協力が必要となる局面は多いです。したがって、依頼人から家族や友人等に対する連絡を頼まれた場合には、原則として応じるべきでしょう。

もっとも、弁護人が外部の人間に対して連絡をとる場合には、その内容に注意する必要があります。弁護人は、依頼人に対して守秘義務を負っています（弁護士職務基本規程23条）から、他人に依頼人の情報を伝える際には、その情報を伝えることについて依頼人から許可を得て守秘義務の解除を受ける必要があります。このとき、弁護人から外部へ連絡をする際には、必然的に自身が弁護人であることを明かすことになりますので、依頼人が逮捕の事実を隠したまま第三者に対する連絡を希望する場合には、少なくとも弁護人がそのような連絡をすることは不可能であると断らなければなりません。

また、弁護人が、罪証隠滅に関与してしまわないように注意が必要です。依頼人の中には、弁護人に対して、自宅等に遺留した重要な証拠の処分を依頼したり、第三者に依頼するように伝えてほしいと言ったりする人がいます。そのような依頼を引き受けると、証拠隠滅罪（刑法104条）に当たる危険性がありますので、当然はっきりと断ることが必要です。時には、第三者に対する伝言の中に罪証隠滅を指示する言葉が含まれていると疑われる場合もありますので、当該第三者との人的関係を尋ねたり、伝言の内容について詳しく聞いたりして、罪証隠滅の指示の可能性が疑われる場合には、はっきりと断ることも検討してよいでしょう。

金品等の管理

身体拘束を受けている依頼人から「自宅にある現金を差し入れてほしい」「留置場にあるキャッシュカードを娘に渡してほしい」などと、依頼人自身の金品等を扱うようお願いされることもあります。また、自宅で飼っているペットの餌やりを涙ながらにお願いされることもあります。このようなお願いに応じるとすると、弁護人は依頼人から自宅の鍵を宅下げして依頼人の自宅に入ったり、依頼人の大事な金品やペットを管理したりしなければなりません。

しかし、人の自宅は非常にプライバシー性の高い場所です。貴重品や重要な証拠品が保管されていることも珍しくありません。したがって、弁護人が依頼人の自宅に入ったことにより、後から「……がなくなった。

弁護人が盗んだのではないか」などと追及される可能性があります。ペットの餌やりを安請け合いしてペットが死んでしまったら、「弁護人のせいでペットが死んだ」と責められるかもしれません。

そこで、依頼人から自身の金品等を扱う依頼をされた場合には、まずは家族や友人にお願いをしましょう。可能であれば、弁護人から伝言して依頼するだけでなく、依頼人のところに面会に来てもらって直接、依頼意思を確認してもらう方が安全です。

一方で、身寄りがないなど、どうしても第三者に依頼ができない場合で弁護人が依頼を実行する場合には、依頼人から委任状を取り付けましょう。そして、依頼人の自宅に入る場合には、自宅に入った際の状況を動画で撮影するなどして、弁護人が依頼を忠実に履行しただけであることを証拠化しておきましょう。

外部への連絡と同様に、依頼人の金品等を扱うことが罪証隠滅につながる場合もありますので、その依頼を受ける必要性や弁護活動との関連性、依頼人のキャラクターなども考慮し、罪証隠滅や後の責任追及の危険性が高いと判断される場合には、依頼をきっぱりと断る勇気も必要です。

体験談1

ペットの餌やり問題

弁護士８年目　男性

依頼者からの「餌やり」依頼

接見時の依頼者からの要望で最も対応に悩み、かつ件数も多いのが、ペットの餌やりです。生き物なので餌をやらなければ死んでしまう可能性がありますし、依頼されたときは毎回大変悩みます。

家族や同居人がいない依頼者の場合、もともと依頼者本人しかペットに餌をやる人がいないのですが、そういった状況にある人は往々にして身元引受人がいないことが多く、身体拘束が長期化しがちです。

餌やり依頼の悩ましいところは、①応じる場合、依頼者宅に出入りする必要があることが多く（室内で飼っている場合など）、鍵の管理や貴重品が室内にある場合に後でトラブルに発展する可能性があること、②応じるとしてどのくらいの頻度で行う必要があるのか、接見に加えて毎日餌やりに行かなければならないとなれば時間的コストが大きすぎること、③いったん引き受けてしまうと、ペットに体調不良が生じた場合に責任を問われかねないこと等さまざま挙げられます。

まず、ほかに頼める友人・知人を探す

一番初めにすべきことは、依頼者の友人・知人でほかに頼める人が本当にいないのか、粘り強く確認することです。依頼者の多くは、周囲に自分の事件を知られたくないがために「ほかに頼れる人がいない」と安易に弁護士にいろいろなことを頼みがちです。しかし実際には親身になってくれる友人・知人がいたり、生活保護を受けている依頼者の場合には、ケースワーカーがついています。生活保護を受けている被疑者・被告人の中には、勾留の事実が知られることで保護費を受給できなくなると考え、受給の事実を黙っている場合があります。確かに勾留中は食事も出ることから、勾留が一定期間続けば生活保護は停止されることが多いですが、釈放後に再度申請すれば再開します。また知人がいる場合には、身元引受人となってもらう人として確保する必要があり、後々のことまで考えると事件のことを話しておいた方がよいケースが多くあります。これらのことを丁寧に説明し、「本当に頼む人がいないのか」をよく確認しましょう。

それでも弁護人しかいない場合

上記のように確認しても他に頼める人がいない場合、弁護士自身の判断で引き受けるか否かを決めるしかありません。

自分自身の中で、「こういったケースは引き受けるが、こういったケースは引き受けない」「ここまではやるが、ここまではやらない」という基準をあらかじめ決めておくと、依頼者に頼まれた場合でも毅然とした対応ができます。私の場合は「自宅内に入らなければできないことはやらないことにしている」と依頼者にまず最初にはっきり告げ、その他に手伝える部分がないか一緒に検討するようにしています。

仮に依頼者の自宅内に入るという判断をする場合には、後のトラブルを避けるために２名以上の弁護士が同行し、入室時には動画データを残しておくなどの対策をとることが望ましいと思います。

犬の引渡し

私の担当したケースで最も悩ましかったのが、同棲していたカップルの一方が傷害事件の被疑者、他方が被害者のケースで、カップルが室内で犬を飼っていたというものです。同棲していた部屋は依頼者名義で、犬の所有者も依頼者でした。

逮捕当日、依頼者は留置施設に入れられてそのまま勾留され、被害者は警察に保護されたということでした。接見に行くと依頼者からしきりに「犬はどうなったか確認してほしい、家にいるなら餌を食べられなくて飢えているはずだ、餌をやってほしい」と頼まれました。警察に犬の所在を尋ねたところ、逮捕当日は犬をどうすることもできず、その後のことは知らない、警察が対応することはできないの一点張りでした。

私は示談交渉のためということで検事に被害者の連絡先を聞き（実際に示談の必要もありました）、連絡がついた際にまず犬の所在と状態を尋ねました。そうしたところ被害者の友人が預かってくれていることが判明し、まずは安心しましたが、その人もこれ以上引き受けられないということでした。

私はすぐに依頼者の知人で犬を預かってくれそうな人物に連絡をとり、犬の引渡日の調整をしました。当日は被害者側・依頼者側のそれぞれの知人と同じ場所で20分ほど時間をずらして待ち合わせ、被害者側の知人から犬を預かり、20分後に依頼者の知人に引き渡しました。どこまでやるか非常に悩ましい事案でしたが、事なきを得て本当にほっとしました。

体験談 2

先生、接見希望です

弁護士8年目　女性

連日の接見希望

Aさんには、共犯者がいたことなどから、接見禁止が付いていました。

受任してしばらくすると、警察署の留置係から、Aさんが接見を希望しているという連絡が頻繁に来るようになりました。多いときには1日に複数回、前日夜に接見したにもかかわらず翌日の朝に連絡が来るということも何度もありました。

しかし、接見に行っても、「彼女に自分が出るまで待っててくれるか確認してほしい」など、急ぎの用事でないことがほとんどでした。

私は、Aさんに対し、一度連絡が来れば接見を希望していることはわかるので時間を見つけて行くこと、連日のように接見希望の連絡をもらっても対応できないことなどを話しましたが、その後も、連絡がやむことはありませんでした。

Ａさんは、余罪もあったことから、第１回公判期日の時は、身柄が警察署にありました。

公判期日の前日、警察署から、Ａさんが接見を希望している旨の連絡が入りました。すでにその前日に接見し、公判の打合せはしていたのですが、急な変更かもしれないと思い、なんとか予定を空けて接見に行きました。

しかし、結局、Ａさんの用事は、彼女に伝えてほしいことがあるということだけで、翌日の公判期日とは何ら関係のないものでした。

接見直後に連絡

他方、被疑者からの連絡を受け、急ぎ接見に行ったことで、早期の身柄解放ができた事例もあります。

Ｂさんは、逮捕・勾留後、起訴が見込まれていましたが、家族の協力も得られ、保釈請求の準備をしていました。

起訴当日に保釈請求をする予定でしたが、当日、警察署から、Ｂさんが、接見を希望している旨の連絡が入りました。

この件は、弁護人２名で受任しており、ちょうど私のみ時間が空いていたので、接見に行きました。Ｂさんからは、実は余罪があり、今、余罪について、取調べを受けたところだという話がありました。

余罪があると、保釈請求が認められても、すぐに身柄拘束される可能性もあります。そこで、当日の保釈請求は保留とし、一度、家族と相談してみると話し、警察署を後にしました。

しかし、私が警察署を出た後、再度、事務所に、Ｂさんから接見希望の連絡があったそうなのです。

私は事務所に戻ってからそのことを知りましたが、接見したばかりであったため、大した用事ではないだろうとも思われました。しかし、なんとなく気になるということで、翌日、もう１名の弁護人が接見に行きました。

すると、Bさんは、昨日私と話した後、警察に、弁護人に余罪があることを話したと言ったところ、警察から、被害届も出ておらず余罪についてどうなるかまだわからない状況だ、このままだと保釈請求をしてもらえないかもしれないから、状況をきちんと説明した方がよいと言われたので、急いで連絡したと話しました。

結局、身柄拘束の可能性もゼロではないものの、保釈請求をしてみるということになり、直ちに保釈請求をしました。その後、Bさんは無事保釈され、余罪について身柄拘束をされることもありませんでした。

体験談3

外部への連絡を頼まれた際の注意点

弁護士2年目　男性

外部への連絡の依頼

身柄拘束を受けている被疑者・被告人に接見した際、家族や友人、職場の関係者等に対して連絡を依頼されることは珍しくありません。

その内容は、「捕まっていることを知らせてほしい」「面会や差し入れをお願いしてほしい」「仕事を休むと伝えてほしい」といった単純なものから、仕事に関する複雑な伝達事項や、時には罪証隠滅の依頼が疑われるようなものまで、多岐にわたります。

私が担当した、ある窃盗事件において、身柄拘束を受けている被疑者から「夫に前科前歴があることは言わないでほしい」という依頼を受けたことがあり、この事件を通して外部への連絡を頼まれた際に注意すべき教訓を得たので紹介します。

「前歴のことは隠して結婚してしまって……」

「妻が万引きで捕まったので接見に行ってほしい」という依頼を受けたのは、私が弁護士になって間もない頃でした。

初回接見に行くと、被疑者の女性は泣きながら、今回の事件だけでなく、過去に複数回万引きを繰り返しており、やめられずに苦しんでいることを打ち明けてくれました。その女性には、直近５年以内に万引きの前歴１件と罰金前科１件があったのです。

ところが、その女性は、夫に万引きを繰り返していることも、前科前歴の存在も打ち明けることなく結婚したため、私に対して、「事件のことは説明してよいが、夫には前科前歴があることは絶対に言わないでほしい」と懇願しました。

私は、弁護士には守秘義務があることを女性に説明したうえで、夫には前科前歴のことを言わないと約束をしました。

「示談が成立すれば不起訴になりますよね？」

初回接見を終えた後、私は、夫と面会し、事件の報告と委任契約の締結の手続をとりました。

その際、夫から「彼女は初犯ですから、示談が成立すれば不起訴になりますよね？」と質問され、私は思わず一瞬だけ固まってしまったのです。

というのも、私は妻の前科前歴の情報について守秘義務の解除を受けていませんから、「奥様には前科前歴があるので、示談しても起訴される可能性があります」と説明してしまうと、守秘義務違反（弁護士職務基本規程 23 条等）になってしまいます。

一方で、夫の質問を肯定してしまうと、妻には前科前歴が存在するにもかかわらず、夫に対して妻は初犯であると述べてしまうことになるので、真実義務や依頼人である夫に対する誠実義務違反（弁護士職務基本規程5条等）になるおそれがあります。

このような悩みが頭に浮かんだ私は、とっさに「終局処分は検事が決めることですので、現段階では何とも……」とお茶を濁しましたが、依頼人である夫から事件の見通しを尋ねられることは容易に想像できたはずですから、被疑者に対して、夫に前科前歴を秘密にすると安請け合いしてしまったことを非常に後悔しました。

その後の事件の顚末

結局今回の事件では、裁判所に意見書を提出して勾留請求が却下され、妻の身柄解放に成功しました。

そして、私は妻と打合せを行い、本気で万引きをやめるためには、夫に全てを打ち明けたうえで治療を支えてもらう必要性が高いことを説明して、妻が自ら夫に対して前科前歴を伝えることになりました。

その後、被害店舗と示談が成立し、妻も夫の助けを借りて依存症治療専門のクリニックに通い始めました。

そして、検察官に対して、示談が成立したことや、妻が夫の協力を得て通院し、再犯防止に取り組んでいることなどを疎明した結果、不起訴処分を得ることができました。

この事件で得た経験から、現在では、被疑者から外部への連絡を依頼された際には、守秘義務を現実的に履行することができるかをよく検討して引き受けるかどうかを判断するようにしています。

ワンポイントアドバイス

できること、できないことをはっきりさせよう

身柄を拘束された被疑者から、過剰とも思える頼まれごとをされることは、珍しいことではありません。

接見の希望については、可能な限り、早期に応じるべきです。もっとも、応じられる限界はありますから、接見時に次はいつ来る予定かを話しておき、接見の希望があってもすぐに行けない場合もあることを話しておく必要はあるでしょう。接見希望に応じられない際には、いつ行けるのかを留置係に伝えておくと、被疑者本人に事実上伝わる場合があります（真正面から伝言を頼むことはできません）。

身柄拘束によって被疑者との連絡を突然に絶たれた関係者に対する連絡は、被疑者の切実な要望であり、弁護活動に付随する受任内容の一部といえます。生活面の要望も緊急性がある場合は同様でしょう。

ただし、取り扱うことが問題となる要望や、実現できない要望を引き受けるのは禁物です。ここまではできる、これ以上はできないという線引きを被疑者にはっきり伝え、本来の弁護活動に注力しましょう。関係者への連絡に際しては、どこまで伝えてよいかをあらかじめ協議・検討しましょう。また、生活面の要望については、関係者にやってもらうことを基本に考えましょう。

Method
05
身柄解放（勾留却下を求める活動）

▸ スピードが命

――近年、勾留却下率は増加している。特に東京地方裁判所においては、全国で最も却下率が高く平成29年度は9.5%ともいわれている。諦めずにまずは試みることが重要といえる。

以下では、勾留の要件と各要件のケアのポイントを概説する。身柄解放事案の具体的な対処法については「Method 06　身柄解放（準抗告）」にてあわせて説明する。

勾留却下事案で求められるスピード感

検察官の勾留請求は逮捕から72時間以内に行われます。

勾留却下を求める事件は、多くの場合、当番弁護や私選弁護で依頼していただき受任をすることとなりますが、状況によっては、依頼日が勾留質問という日もあります。ごく限られた時間の中で資料を収集し、意見書に落とし込む作業は職人芸ともいえます。瞬時に必要となる資料を判断し、限られた時間の中で資料を収集し適切な意見書を作成するためには、勾留の各要件のケアのポイントを事前に把握しておくことが肝心です。

勾留の要件―住所不定

住所不定とは、住所（生活の本拠をいいます）や居所（生活の本拠ではないが、人が多少継続して居住する場所をいいます）を有していないことをいいます。

同要件が問題となるのは、例えばネットカフェで寝泊まりをしている被疑者が犯行を行い逮捕されるような事例です。

同事例のように住所不定事案の場合、諦める弁護人が多いといわれますが、同種事案で勾留却下の判断は実際に出ていることから初めから諦める必要は全くありません。

同要件のケアのポイントは、いかに住所不定状態を解消するかという点に尽きます。

身元引受人になり得る家族等がいる場合は、被疑者の了承を得たうえで、これらの者の住所を居所とすることにつき、被疑者と身元引受人の念書を取得し提出をします。

身元引受人となる家族等がいない場合も、社宅がある会社等であれば、会社の代表者に事情を伝え、社宅への入所に必要な資料を取り付け、入所の手続を行うことも検討できます。

そのうえで、身柄解放後、直ちに住民票を移転する旨を被疑者に誓約させるといった活動を行い、住所不定状態をケアしていくこととなります。

勾留の要件―罪証隠滅のおそれ

罪証隠滅のおそれとは、証拠に対して不当な働きかけを行い、公判を紛糾させたり、ひいては終局判断を誤らせたりする具体的蓋然性があることをいいます。

同要件が問題となるのは、例えば知り合いに対する犯行を行い被害者・目撃者と接触が容易な事案等です。

ここでは、特に問題となることの多い罪証隠滅の対象である「被害者・目撃者の供述」を念頭に説明します。

同要件のケアのポイントは、接触しようがない状況（できるとしても困難な状況）を作り出すことにあります。

そして、ケアの際は、罪証隠滅の対象（罪体のほか重要な情状事実も含む）、態様、余地（客観的可能性及び実効性）、意図（主観的可能性）と、細分化し、分析的に検討すべきです。

罪証隠滅の対象・態様

例えば、罪証隠滅の「対象」が供述証拠の場合、罪証隠滅の「態様」としては被害者・目撃者に対して働きかけを行い、供述の変遷等を求める態様が考えられます。

罪証隠滅の余地

罪証隠滅の「余地」の判断は、想定される罪証隠滅行為が、客観的に実行可能なものであり、また、その証拠への働きかけによって罪証隠滅の効果を生じる可能性（実効性）があるか否かにより行われます。

ケアのポイントは、事案の証拠構造を把握し、現在捜査機関が保有している証拠との関係で、具体的に被疑者にどのような罪証隠滅の余地があるのかを予想することにあります。

例えば、犯行現場に防犯カメラが存在し、被疑者が取調べの際にその映像を捜査官から見せられて自白をした場合であれば、捜査機関に直接証拠が存在することは明らかであり、被害者・目撃者に対して罪証隠滅を働きかけたとしても罪証隠滅の余地・実効性が小さいことになります。

証拠構造上、被害者・目撃者供述が重要な直接証拠となる場合は、身元引受書（場合によっては身元引受人の具体的な監督計画を記載したもの）を資料として取り付けることでケアをしていくことになります。

仮に身元引受人が配偶者であるとして、身元引受場所となる被疑者の自宅が犯行現場に近いといった事情があるのであれば、あえて犯行現場から離れた両親の自宅を身元引受場所とすることで接触可能性の客観的可能性を低下させる方法が考えられます。犯行現場から離れた身元引受場所がない場合は、被疑者自身が自宅で謹慎する旨の誓約と、被疑者を自宅で謹慎させる旨の身元引受人の誓約書（その場合、専業主婦等の被疑者を日常的に監督できる者であることが望ましい）等をあわせて差し入れる等の方法も検討すべきです。

身元引受だけでは接触の余地を完全にはケアし切れない事案もあり得ます。例えば、いわゆる合コン相手への犯行で、被疑者と仲のよい幹事は被害者の連絡先を知っているという事案の場合、身元引受を行ったとしても被疑者による被害者への接触可能性を完全に断つことはできません。この場合のケアの方法としては、被疑者に被害者と接触をしない旨の誓約、幹事と連絡をしない旨の誓約をしていただき、そのうえで幹事に被害者の連絡先を被疑者に決して伝えない旨の誓約をしていただくといった対応が考えられます。

また例えば、職場の同僚への犯行の場合、被疑者が復職をした場合や同僚の連絡先を知っている場合は、接触可能性を完全に断つことはできません。この場合、同僚とつながっているLINEを削除したうえで弁護人が削除を確認した旨の報告書を作成し、会社から被疑者の謹慎処分の資料の交付を受け、本人にも身元引受人宅で謹慎する趣旨の誓約をしていただくといった方法でケアをすることが考えられます。

このように罪証隠滅の余地のケアに関しては、証拠構造を把握し、ポイントを押さえつつも柔軟な発想で資料を収集し主張をしていく必要があります。

罪証隠滅の意図

罪証隠滅の「意図」の有無の判断は、釈放され、自由の身となって、誘惑に駆られやすい状況に置かれた場合の予測的判断のもとで行われます。

ケアのポイントは、被疑者が罪証の隠滅を意図しないであろうと推認される客観的状況を作出していく点にあります。具体的には、示談が成立していれば罪証隠滅を意図する理由はなく、示談をするべく謝罪文を作成し弁護士の預り金口口座に示談金相当額を入金していることも罪証隠滅を意図しないであろうことを推認させます。その他、勾留却下を求める意見書で前科等を踏まえ、予想される刑が重くない旨を主張すること、罪証隠滅の余地が小さく意図しようがないこと、事件関係者との人的関係において罪証隠滅を意図しづらい対象者であるか等を書き込んでいくことも有益です。

勾留の要件―逃亡のおそれ

逃亡のおそれは、所在不明になるおそれという客観的要素と刑事訴追を免れる意図という主観的要素から成ります。これらの判断は、具体的な資料によって裏付けられた高度の可能性があることが要求されます。

同要件が問題となるのは、前科があり実刑の可能性もある事案や単身、無職、住所不定の事案等です。

同要件のケアのポイントは、客観的要素については、まずは何はともあれ身元引受書の取得でしょう。そのうえで、身元引受人に従う旨の被疑者の誓約書もあわせて差し入れることで確実性を上げます。また、単に身元を引き受けると記載するのみではなく、具体的に被疑者のために何をどのような頻度で実施するのかを明示した監督計画の策定も有効です。

それ以外には、意見書で被疑者の守るべきものを具体的に指摘することも有効です。例えば、円満な家族関係、持ち家などの安定した住居の存在、相当期間一定の職を継続しており、社会における信用や人間関係を構築し、一定の職務上の地位にあるという事実の主張です。

主観的要素については、意見書にて、予想される罪責が軽いという見通しの主張を行うことが有効です。罪名が重い場合、例えば、強盗致傷罪の場合は窃盗と傷害となる余地はないか検討をしたうえで、しかるべき罪体との関係で主観的要素を論じていくこととなります。

勾留の要件―勾留の必要性

被疑者を勾留することによる公益的な利益と、これによって被疑者が被る不利益とも比較衡量し、被疑者を勾留することが実質的に相当でないとされる場合には勾留の必要性はないと判断されます。具体的には、罪証隠滅や逃亡のおそれの度合い、事案の軽重、勾留による不利益の程度等を考慮して勾留の必要性の判断は行われます。

裁判所は、罪証隠滅や逃亡のおそれは否定できないが、そのおそれは相当程度低減していることを理由に勾留の必要性を否定する事案も多いです。

同要件のケアのポイントは、勾留の理由の「程度」についてきちんと論じ、いかに勾留による不利益が甚大であるかを具体的事情に基づき主張する点にあります。

例えば、被疑者が卒業・就職を控えた高校生の少年で出席単位数がぎりぎりである事案や、卒業試験を受けられず卒業ができないと就職先の内定が取り消されるといった事案の場合、勾留の理由の程度について論じたうえで、単位数が危ないことを示す通信簿や内定承諾書等を資料として収集します。そして、卒業ができない可能性につき、具体的な数字を挙げて説明をしたうえで、卒業ができず内定先が取り消された場合の被疑者の更生への支障を主張することが考えられます。

体験談 1

住所不定事案での勾留却下と諦めない身柄解放

弁護士３年目　男性

当番弁護での接見

当番弁護の要請を受け、被疑者Ａさんに接見に行きました。事情を聴くと、Ａさんには前歴があり、今回も同種犯罪を行っていました。そして、Ａさんは、定職こそあるものの、家がなく、ネットカフェに寝泊まりしていました。いわゆる住所不定（刑事訴訟法60条1項1号）の事案でした。さらに、実家は遠方で、家族にはこの件を伝えないでもらいたいという要請もあり、家族による身元引受は期待できませんでした。

Ａさんは、身柄の早期解放を希望しました。

弁護方針

私は、住所不定で身柄解放をした経験がなく、刑事弁護をよく行う先輩弁護士や元刑事裁判官に聞いても、住所不定事案で勾留却下決定が出た事案は知らないと言われました。

さらに、同種の前歴があり、身元引受人も期待できないとなると、かなり身柄解放は難しいと考えました。そのため、Ａさんには、見通しはかなり厳しい旨を伝えたうえで、できる限りのことは行う旨を約束しました。

弁護方針としては、何とかして住所不定状態を解消するのが第一で、そのうえで家族以外の身元引受人も何とかして見つけたいと考えました。
勾留質問までは残り2日でした。

職場の代表者との接触

Aさんは、職場がほぼ唯一のコミュニティであったことから、まずは職場の代表者に連絡をしました。そこで、事情を話し、代表者に会うことになりました。

代表者は、Aさんを非常に買っており、また、職場には社員寮があり2人部屋に1人で住んでいる社員がいることが判明しました。

ここになんとかAさんを住まわせられないかと交渉したところ、代表者から現在住んでいる社員に話をしてAさんを住ませてもらうことに決まりました。

さらに、代表者は、Aさんの身元引受人になることも承諾していただきました。そして、代表者は、社員寮のほど近くに住んでいたことから、Aさんの居所への午後9時の定期巡回、仕事の現場を代表者と同じ現場にしたうえでの監督を約束していただき、これを身元引受書に監督計画として記載しました。さらに、社員寮にすでに住んでいる社員もAさんとは顔見知りであったことから、同じ部屋に住む者として監督をする旨の誓約書を取得しました。

Aさんとの面談とその後

この事情をAさんに話したところ、Aさんは泣いていました。

Aさんに、代表者に約束していただいた具体的な監督計画及び同じ部屋に住む者の監督に従う旨の誓約書、被害者への謝罪文を作成していただきました。

その後、Aさんは検察官に勾留請求はされたものの、勾留却下を求める意見書を裁判官に提出したところ、勾留請求は却下され、無事Aさんの身柄は解放されました。

体験談2

「罪証隠滅のおそれがないこと」の立証

弁護士３年目　男性

検察官の勾留請求

国選弁護の配点により、窃盗（万引き）の被疑者弁護にあたることとなりました。早速被疑者と接見したところ、万引きをしてしまったことは間違いないことが判明、その他の事情として、生活保護を受給中であること、定まった住居を有すること、持病を抱えており、週に2〜3回ヘルパーの介助を受け、2週に1度は通院をしていること、持病のせいで排泄の心配が大きいため一刻も早く身柄を解放すべきことが判明しました。

もっとも、ここまでの事情からするに、勾留請求がなされてしまうだろうことは容易に想像がつきました。被害店舗関係者に働きかけることができてしまうからです。結論から先に述べてしまいましたが、「罪証を隠滅すると疑うに足りる相当な理由があるとき」に該当してしまえば、被疑者は勾留されてしまいます（刑事訴訟法207条1項、60条1項2号）。

（紙幅の都合上、記載を省略しますが、当然、逃亡のおそれについても検討を要します。）

状況を再度確認してみると……

暗い気持ちで接見を終えた私は、その足で被害店舗や、被害品を隠したとされるコインロッカーなどの現場を見に行ってみました。すると、被害店舗には、被害品の陳列棚が映っているのではないかと思われる位置に防犯カメラが設置されていました。

そこで、捜査の進展状況を再度確認をするべく、そのまま警察署にとんぼ返りしました（すでに22時を回っており、留置係の警察官には若干迷惑な顔をされました）。被疑者に、捜査状況についてもう一度詳しく尋ねてみると、警察官から防犯カメラの映像があると告げられていたこと、当日は万引きGメンに現行犯逮捕され、その方は警察に聴取を受けていたようであること等が判明したのです。もちろん、被害品は警察に押収されていることが想定されました。

これを聞いた私は、犯行状況は防犯カメラ映像にて客観的に立証可能であるうえ、当日の犯行状況を供述できる証人たる立場の人間は万引きGメンで、店舗に常駐している店員と違って接触可能性が低く、さらに、同人の証言はすでに警察が聴取しているものとして、「罪証隠滅のおそれ」は抽象的な可能性としてはあるものの、具体的には存在しないと立論ができると考えました。

検察官への意見具申

早速、事務所に戻った私は、検察官への意見書を作成して、FAXで送信し、翌朝電話でも話しました。すると、担当検察官は、「前歴と余罪と思われるものが存在するので、勾留請求します」との回答。勾留請求の理由に「前歴があること」や「余罪の存在」など全く関係ないではないかと（口調は穏やかに）、説得を試みましたが、検察官の態度は頑として変わりません。仕方なく、勾留請求をされることを前提に、裁判官に対する面談の申入れと、書面の作成に取りかかりました。

裁判官との面談

検察官の宣言どおり、勾留請求がなされたため、私は、裁判官との面談を申し入れました。当日は、裁判修習に来ていた司法修習生も同席しての面談で、当時弁護士１年目の私にとっては、なんだか物々しい雰囲気でしたが、裁判官は、「意見書は拝見しました。意見書に記載できなかったことで、口頭で追加して述べておくことはありますか」と淡々と質問してきたので、被疑者が病気の関係で一刻も早く身柄解放されるべきであること等を縷々伝えました。

裁判官は、「わかりました。いただいたご意見ももとに判断をします」とだけ述べて、その場で結論を伝えることはありませんでしたが、同席の司法修習生に対して、「あなたたちも１年後には、このように、きちんと活動してくださいね」と（うぬぼれかもしれませんが）、大変嬉しいお言葉を述べてくださいました。

勾留請求却下と後日談

無事、勾留請求は却下されました。

しかし、在宅になった途端、ずいぶんと放置され、処分が決まったのが３か月後、しかも公訴事実は、缶コーヒー１本（販売価格95円）の窃盗です。被疑者は精神的な疾患を抱え、所持金が数千円ありながら、「自分は節約しなければいけない」との強迫観念に襲われて、万引きに及んでしまったのです。処分が決まっていない間も精神科に付き添って、逐一状態を検察官に伝えており、事案軽微なうえ、示談も成立していて（被害店舗店長が理解のある方で、店舗には立入禁止とするが、事情をくんで０円で示談となりました）、公判請求してくれるなと度々申し入れていたのですが、結局起訴されてしまいました。

体験談 3

勾留請求の却下

弁護士 8 年目　女性

勾留に対する弁護活動

当番弁護の配点があり、当日の夜、接見に行きました。

とある会社のオフィスに侵入したところを現行犯逮捕されたという建造物侵入の罪で、私が接見した当日に逮捕されたということでした。

A さんは、犯行を認めており、前科はなく、妻と小さな子どももいて、定職もありました。

接見後、A さんの妻とも連絡がとれ、妻は、早期の身柄解放を希望していました。

私は、それまで、勾留を争ったことがありませんでしたが、上記の事情から、勾留を阻止することができるかもしれないと考え、準備を進めてみることとしました。

検察官の意見

早速、翌日、妻と会い、A さんの生活状況などを聞くとともに、身元引受書の作成をお願いし、検察官に対し勾留請求をしないよう求める意見書を作成しました。

意見書には、A さんが定まった住所を有すること、現行犯逮捕であり、罪も認めているため罪証隠滅のおそれはないこと、家族と仕事があり、身元引受人もいることなどから、勾留の理由も必要性もないことなどを記載しました。

検察官には、意見書を提出したうえで、面談はできないと言われたので電話でこちらの見解を伝えましたが、結局、勾留請求をされてしまいました。

裁判官の意見

勾留請求をされたことがわかったため、今度は、裁判官に対して、勾留請求の却下を求める意見書を作成することとしました。

時間もなく、新たな事情なども見つからなかったのですが、被害者に対し示談を求める予定であることなどの事情も追加し、裁判所に提出したうえで、裁判官に面接を申し込みました。

検察官には全く認めてもらえなかったので、不安を抱え、面接に臨みましたが、裁判官からは、あっさり、勾留請求は却下する予定であると言われました。

その後、裁判所から、勾留請求を却下した旨の連絡が来て、検察官から準抗告もされなかったため、その日の夕方には、A さんは釈放されることになりました。

A さんは在宅で捜査されることとなり、最終的には被害者と示談が成立し、不起訴となりました。

ワンポイントアドバイス

素早く、効果的なアピールをしよう

逮捕直後に受任して勾留を回避するためには、勾留の理由・必要性の不存在を勾留請求前に担当検察官に伝え、勾留請求後には裁判官に伝えて説得する必要があります。時間がない中での対応ですから、いきおい抽象的な論証となりがちですが、それでは検察官・裁判官を説得することは困難です。

事案に即して、例えばなぜ罪証隠滅のおそれがないといえるのかを具体的に説明する必要があります。事案に即した検討のために、被疑者の説明をよく聞き、ふとした疑問を遠慮なくぶつけましょう。場合によっては一目でも現場を見るとよいでしょう。

身元引受書については、罪証隠滅防止のための具体的な監督計画をあわせて添付すると効果的です。

そして何より、検察官・裁判官に対して意見を伝えることが大切です。身柄解放を肯定すべき状況を整え、裏付け資料とともに、躊躇することなくアピールしましょう。勾留請求がなされたとしても、裁判官が却下することはあります。諦める必要はありません。

早期の身柄解放は、被疑者の更生や、被害塡補に大きく寄与するものとなり得ます。積極的に挑戦してください。

Method

06　身柄解放（準抗告）

▸ 諦めない身柄解放

――勾留決定後の準抗告も、近年、認容（勾留却下）率が増加している。事後的判断とはいえ、証拠の収集状況の変遷や示談の成否により身柄解放は十分狙うことができるため、準抗告も諦めずに試みることが重要である。

以下では、準抗告の特徴、身柄解放を求める事件全般を通した具体的な対処法とポイントを説明する。

準抗告の特徴

勾留決定に対する準抗告審は、事実審であり事後審と解されています。審査は、原裁判時の事情を対象とするのみならず、原裁判後に生じた事実の取調べも実施するのが実務です。そのため、勾留決定後の示談成立や身元引受人の決定といった新事実も取調べの対象となります。当然、捜査機関による証拠収集状況も変遷することが考えられ、その収集状況も踏まえたうえでの判断となります。そのため、事後審だからといって諦める必要はなく、むしろ準抗告段階の方が捜査機関の証拠収集も進み、弁護側も示談や身元引受等資料の準備が進む結果、身柄解放につながるケースが多いです。裁判官により勾留決定がされたとしても諦めずに速やかに準抗告に取り組むべきです。

準抗告を申立てる場合は、時の経過に伴う被疑者側、捜査側双方の事実の変動を的確に捉えて主張を行うべきです。

事案によっては、勾留された後に受任する事案もあり得、勾留前に何ら身柄解放の活動を行っていない事案もあります。そのような事案の場合は、勾留前の身柄解放に準じ、関係調整等を行い、まずは準抗告を早急に申し立ててみるべきです。

身柄解放事件の具体的な対処法

ここでは、身柄解放を目指す事案の具体的な対処法の一例につき、被害者のいる自白事件を念頭に説明します。重要なことは、勾留決定前の身柄解放も準抗告も時間が限られていることから、何を持参し、どこに行き、何をするか、あらかじめ準備をして決めておくことです。

相談～初回接見

当番弁護・家族等からの相談

→初回接見

　→委任契約締結・弁護人選任届取得

　　→身柄解放に必要となる資料（誓約書、謝罪文等）の差し入れ

　　　→身柄解放に必要な資料記載後の宅下げ

※ポイント

　身柄解放を求める事案はとにかく時間がないため、残り時間を計算しながら現在何をしなければならないか判断をする必要がある。事案によっては、接見を一度しかできないほどに時間が切迫しているケースもある。そのようなケースの場合は、その場で誓約書と謝罪文を被疑者に書いていただく必要がある。

　誓約書には、身元引受人による監督に応じること、出頭に応じること、被害者に連絡をとらないこと、関係者に連絡をとらないこと、その他本件の特殊事情を書き込んでいく。

謝罪文はなるべく自分の言葉で書いてもらうべきではあるが、ある程度考えるきっかけ（ヒント）を弁護人から与えることも多い。

身柄解放に必要な資料記載後は、その場で宅下げをするか、時間的に余裕がある場合は次回接見時に宅下げを受けることとなる。

警察署から戻った後～意見書作成まで

示談の希望を担当刑事に伝え被害者の連絡先を照会

→関係調整（身元引受書取付、示談金相当額の入金履歴取付等）

→（示談の成立・示談書の作成）

→その他関係調整

※ポイント

まれに検察庁送致前でも被害者の連絡先を警察から伝えてもらえる場合があるため、捜査機関に示談の希望を伝えて、被害者の連絡先を照会しておく。最終的に被害者の連絡先が判明しない場合も多いが、その場合も後述の意見書において「被害者の連絡先を令和○年○月○日、○○警察署○課○○氏に照会中」である旨記載でき、示談手続に着手している事実を顕出できるため、まずは被害者の連絡先を照会するべきである。

被疑者から、家族等といった身元引受人の提案があった場合は、早急に連絡をして事情を説明のうえ面談の約束を取り付ける。知らない番号からの電話には出ない場合も多いため、何度か架電する必要がある場合も多い。身元引受書を作成する際は、具体的に、その身元引受人がどのような頻度でいかなる身元引受ができるかを書き込むようにすると勾留の理由につき意見書を作成する際に説得力が増す。身元引受人が専業主婦や自宅で内職をしている場合は、その職業の性質も踏まえて監督計画とでもいうような具体的内容の身元引受書を作成するべきである。身元引受書を記載いただいた際は、身分証明書の写しもあわせていただくことを忘れないようにする。

示談手続に着手していることを顕出するために、示談金相当額を家族を通して、弁護士の預り金口口座に入金していただくことも有効である。実際に被害者の連絡先が判明した場合に、即座に示談に着手でき、また、仮に勾留質問までに被害者の連絡先が判明しなかった場合も、勾留の理由との関係で示談に着手していることは有利な事情となるため、可能な限りお願いをするべきである。

意見書作成～勾留質問

収集した資料をもとに意見書作成

→検察官に勾留請求をしないことを求める意見書を提出し架電

～勾留請求された場合～

意見書の修正

→検察庁に弁護人選任届を提出（写しに受領印をもらう）

→裁判官に勾留却下を求める意見書を提出し面談（架電）

→検察官に勾留却下決定に対する準抗告を実施するか確認

※ポイント

意見書作成のポイントは、「Method 05　身柄解放（勾留却下を求める活動）」記載の各要件についてのポイントを参照されたい。

検察官への意見書の提出は、時間的に余裕がない場合はやむを得ず省略をする場合もある。その場合は、一度検察官に架電だけでも行い説得は試みるべきである。なお、検察段階で勾留をしない判断もあり得ることから、（勾留阻止報酬を請求する場合は）委任契約書作成の際は検察段階での阻止も報酬の対象とするのを忘れないよう注意する必要がある。検察官への意見書の提出の際は、時間的な余裕もないと思われるため、FAX で弁護人選任届もあわせて送信することが多い。

もっとも、検察官に意見書を送ったとしても、かなりの割合で勾留請求はされてしまう。したがって、検察官の勾留請求に備え、裁判所への勾留却下を求める意見書の提出の準備を速やかに始める必要がある。裁判所に提出をする前に、弁護人選任届を検察庁に提出する必要があるため、必ず弁護人選任届のコピーを準備し、受理印を押印してもらう点に注意する。

そのうえで、裁判所に意見書を提出し、裁判所によっては裁判官面談や裁判官との電話ができる裁判所もあるため、意見書のポイント等を口頭で説明をし、勾留却下を求めていく。

なお、勾留却下決定後、検察官が準抗告を行う場合がある。勾留却下の意見書には、多くの場合身元引受人が迎えに行く旨を記載するものと思われるが、その場合の身元引受人への連絡に支障が出る可能性があるため、準抗告を行うかどうか照会をしておく必要がある。そのうえで、警察署に連絡し、身元引受人が迎えに行く旨を伝え、調整を行う。

勾留後～準抗告申立

接見

→（示談・身元引受）

　→準抗告申立書作成

　　→準抗告申立

※ポイント

まずは、被疑者と接見し、今後の手続等を伝え、追加で誓約書等が必要となるのであれば作成を依頼すべきであろう。

勾留前に示談や身元引受人の選定ができていない場合は、勾留後速やかに調整を行う。示談の際は、本人確認を忘れないようにする（可能であれば、身分証明書の写しをいただく）。

勾留請求段階と弁護人側も捜査側も事情は変動しているので、現在の捜査状況などを被疑者に接見にて聞きつつ、適切に新事情を顕出した申立てを行うことが重要である。

体験談 1

「勾留の必要性」要件の重要性
—強盗致傷事件の身柄解放

弁護士３年目　男性

初回接見

家族からの要請を受け、被疑者Ａさんに接見に行きました。

Ａさんは家の近所の店舗で窃盗のうえ、同店店員に怪我を負わせたという事後強盗致傷罪で勾留されていました。

事情を聴くと、Ａさんは大学卒業目前で、すでに上場企業の内定が決まっていました。大学については、Ａさんは、留年を繰り返しており今年卒業ができなければ退学になり、また、出席日数がぎりぎりで、αという科目に至っては一度も休めない状況でした。

そして、αという科目の授業は接見の４日後でした。

弁護方針

強盗致傷罪という重い罪名であったことから、勾留の理由も勾留の必要性もしっかりとした資料を準備する必要があると感じました。

接見の３日後には裁判所に準抗告申立書を提出する必要がありましたので、それまでに、監督計画を詳細に記載した身元引受書、身元引受を承諾する旨及び出頭に同意をする旨の被疑者の誓約書、謝罪文、大学を欠席できない状況にあることを示す資料を収集する方針を固めました。そして、できれば示談も成立させ、示談書も取り付けたいと考えました。

家族の協力と身元引受

私選弁護であったことから、家族は非常に協力的でした。

大学の１週間の登下校時間を特定し、家族が登下校に同伴すること及び専業主婦である母親の自宅で監督をすること等具体的な監督計画を記載した身元引受書を作成し、Ａさんもその具体的な監督内容に従う旨の誓約書を取り付けました。

また、示談金も速やかに家族が捻出のうえ、弁護士の預り金口口座に入金をいただきました。

示談

担当検察官に被害者の連絡先を照会したうえで被害者と連絡をとりました。店舗での窃盗後に暴行をした事案であったため、被害店舗店長と店員の両名と示談をすることとなりました。

まとまった示談金額であったこともあり、円滑に示談の話も進み、示談書も取得できました。

大学の出席日数に関する資料

αという科目の授業を欠席できないことを証拠化するために、両親と大学の事務に行き、Ａさんの受講状況を照会しました。書面では出せないということであったため弁護人が報告書を作成し、担当事務の方からあと一度欠席をすると単位が足りず卒業試験を受験できないこととなることを聴取しました。また、１週間の時間割と大学在学８年目であることがわかる在学に関する資料も取得しました。

意見書の作成と勾留の必要性

当初予定をしていた資料は全て揃ったため、意見書の作成に取りかかりました。

罪名が非常に重く、窃盗と傷害に分断できるかも微妙な事案であったものの、実質的には窃盗と傷害である旨の主張を行ったうえで、勾留の理由に関して取得した資料をもとに主張を行いました。そして、勾留の理由が仮にあるとしても逃亡及び罪証隠滅のおそれの程度は低いことを勾留の必要性で述べました。そのうえで、この事件の特殊性は、大学を卒業できなければＡさんは大学を退学となり上場企業の内定も取り消され、社会内での更生に大きな支障が出るという点でしたので、この点を特に強調し主張したうえで、資料を添付しつつ、Ａさんの著しく大きな不利益は勾留による公益的な利益の大きさを遥かに上回る旨を厚く論じました。

身柄の解放と卒業

準抗告の結果、Ａさんの不利益が大きい点を強調した内容の勾留却下決定（勾留の必要性がないことを理由とする決定）が出ました。

そして、その後、無事に不起訴処分となり、大学も卒業し就職することもできました。

体験談 2

痴漢事案で準抗告が通った事例

弁護士 13 年目　男性

受任

10 年ほど前の弁護士会の法律相談でした。

疲れきった顔の女性が相談に来られ、内容をうかがうと、何と息子が痴漢で逮捕され勾留されているとのことでした。刑事手続について説明し、一刻も早い身柄解放を目指すということですぐの受任となりました。

今日ではインターネットで検索をすれば刑事弁護が得意であると謳う法律事務所がたくさん表示されますが、まさか弁護士会の法律相談とは、当時の弁護士へのアクセスの悪さを物語っています。

初回接見

受任後、その足で接見におもむくと、被疑者は容疑を否認していました。一般論として、否認をした場合、認めた場合のそれぞれの刑事手続の流れについて説明したところ、「自分はやっていないが、早くここから出たいし、母親に心配をかけたくない」とのこと、私は「それならば、事実を認め反省の態度を示せば、勾留が取り消される可能性が少しは高くなる。しかし、弁護士としてはやっていないのに認めろ、とは口が裂けても言えない。主義主張は貫いてほしいとは思う」と伝えたところ、それでも構わないとのこと、その後も何度も確認のうえ、自白を前提として準抗告の申立てを行うことになりました。

準抗告

検察官による勾留請求前、せめて勾留質問前であればさておき、勾留決定前の弁護活動が何もない状況でしたので、私も半ば諦めてはいましたが、ほどなくして準抗告が認められ勾留の裁判が取り消された旨の連絡がありました。当時の私は、逮捕後の検察官に対する意見書の提出、勾留決定後の準抗告は全件行っており、それなりに経験はありましたが、準抗告が認められたのは初めてで、小躍りしたことを覚えています。

示談～不起訴

その後の示談交渉では、被害者に代理人がつき、「かえって面倒だなあ」と思っていたところ、先方は電話で開口一番「先生、準抗告が認められたなんてすごいですね～！」などと話しておりましたが、示談金の提示は「案の定」激辛でした。ただその旨を被疑者・母親に伝えたところ、それで進めてもらって構わない、早く解決がしたいとのこと、弁護士としては渋々提案に応じ、示談成立となりました。

そして、被疑者は不起訴処分となりました。

体験談 3

外国人の強盗致傷事件の準抗告

弁護士 3 年目　男性

外国人の強盗致傷事件の身柄解放なんてできるのだろうか

ある日、英国人の女性から私の所属事務所に電話がありました。彼女によれば、同じく英国人である彼女の夫（以下「A さん」）と、数日連絡がつかなかったところ、今朝方、強盗致傷罪という容疑で拘束されたという連絡を受けたため、なんとか弁護士の力で拘束を解けないかという相談でした。A さんは大学の講師をしており、現在は病気という説明でなんとかごまかしているようです。しかし、このまま欠勤が続けば無断欠勤ということになり、失職してしまう可能性が高いとのことでした。私は、外国人の強盗致傷事件と聞いて、裁判員対象事件でもあり(裁判員の参加する刑事裁判に関する法律 2 条 1 項 1 号、刑法 240 条参照)、直感的に身柄解放は難しいのではないかと考えました。しかし、ひとまず接見に行って、A さんの話を聞いてみることにしました。

話を聞いているうちに見えてきた一筋の光明

警察署では A さんから以下のような話を聞くことができました。

事件当日（数週間前)、A さんは久しぶりに友人と会い、多量の飲酒をしたため、泥酔していた。そこで、A さんはタクシーで帰宅することにし、乗車したところ、運転手が道を間違えたため、降車時に運転手と交渉し、料金の減額を求めた。しかし、運転手は A さんの英語をあまり理解できず、言い争いになった。そこで、Aさんは、メーターは1200円を指していたものの、千円札だけを置いて立ち去ろうとした。しかし、運転手に右腕をつかまれたため、とっさに振り払おうと右腕を大きく振った。その際、右腕が運転手の顔に少し当たった。運転手はブツブツと文句を言っていたが、差額の請求を諦めたように見えたため、Aさんは現場を立ち去って帰宅した。数週間後、Aさんが1人で家にいるときに、警察官が逮捕状を持って現れ、逮捕された。

Aさんの話を聞いて、「これは本当に強盗致傷事案なのだろうか。むしろ、軽微な傷害罪にとどまるのではないか（利益恐喝（刑法249条2項）の可能性も考えましたが、畏怖に基づく交付行為があったといえるのか疑問があるように思いました。）」という印象を抱きました。また、Aさんは外国人であるものの、中長期在留者として日本に家族とともに住んでおり、大学の講師という職も有していました。これらの事実関係を踏まえると、私は身柄解放の余地が十分にあるのではないかと考えました。

準抗告申立の準備

警察署でAさんから聞いた話を踏まえ、準抗告申立書を準備しました。

準抗告申立書においては、本件の経緯をあらためて記載し、本事案は、「強盗致傷罪」という送致罪名にかかわらず、その本質は傷害罪にとどまることを強調しました。さらに、事案の軽微性を補強する事情として、本件は外国人であるAさんと運転手の意思疎通がうまくとれなかったことに起因する事案であり、日本人であればおよそ逮捕されるような事案ではないことを述べました。

次に、ドライブレコーダーに一部始終が記録されている可能性が高いこと、及びAさんがたまたま乗り合わせたタクシーの運転手を特定することは困難であるため、接触による罪証隠滅は実質的に不可能であることを主張しました。また、Aさんは、外国人であるものの、日本に職を有し、家族とともに居住している中長期在留者であるため、外国に逃亡することはあり得ないことも強調しました。そして、念のためパスポートを弁護人において預かることとし、その疎明資料（パスポートとその預り証の写し）も添付しました（在留外国人は原則としてパスポートを常時携帯する義務がありますが、中長期在留者等の場合は、在留カードを携帯している限り、パスポートの携帯義務がなくなるため、弁護人がパスポートを預かることができます。出入国管理及び難民認定法23条1項ただし書参照）。最後に、勾留の必要性の観点から、身体拘束による失職のおそれについても言及しました。

裁判所の判断は……

裁判所の判断は、準抗告認容。Aさんは無事釈放され、職を失わずに済みました。その後、運転手との間では示談が成立し、前科を避けることもできました。

体験談4

万引き事件の準抗告

弁護士1年目　女性

初めての国選事件

弁護士1年目に初めて割り振られた国選事件の体験談です。被疑者は女性（以下「Aさん」）で、事案はスーパーでの万引きでした（被害金額約3000円）。勾留状を見たとき、「なぜこんな軽微な事案で勾留されたのだろう。同種前科が複数あるとか、特別な事情があるのだろうか」というのが率直な感想でした。初回接見で話を聞いてみると、Aさんには確かに同種前歴が複数あるものの、いずれも示談が成立し不起訴となったようです。また、Aさんは罪を認めており、いわゆる万引きGメンに現行犯逮捕されていました。さらに、Aさんは九州において両親と同居しており、小学生の息子が1人（以下「B君」）いるシングルマザーでした（今回の事件は、AさんとB君が2人で東京観光に来ている間に起こしてしまったものでした）。したがって、「罪証を隠滅すると疑うに足りる相当な理由」も、「逃亡すると疑うに足りる相当な理由」もなさそうです。これは準抗告をすれば認容される可能性が高いのではないか、と私は考えました。

指導担当弁護士からのアドバイス

初回接見が終わった後、国選事件研修の指導担当弁護士に直ちに電話をして、軽微な万引き事件であり、準抗告が認められそうであるため、その日中にも準抗告を行おうと考えている旨を伝えました。すると、意外なことに指導担当弁護士からは「待った」がかかり、以下のようなアドバイスをもらいました。「一見軽微な事案でも、検事が勾留請求し、裁判所が勾留決定をしている以上、何らかの事情があるはずだよ。準抗告をする場合は、検事や裁判官がどのような点が問題だと考えて勾留の請求・決定をしたのかを突き止めて、その問題点に対処することが重要だけど、問題点の心当たりはあるのかな？」確かに私は、本件において、勾留決定がなされた理由を深く考えていませんでした。

再度の接見

アドバイスを受け、あらためて勾留状謄本を見返してみました。そして、勾留の理由として、刑事訴訟法60条1項2号しか挙げられていないことに気づきました。裁判所は、Aさんに「罪証を隠滅すると疑うに足りる相当な理由」があると考えているようです。

しかし、本件は万引きGメンが犯行を目撃しており、被害品も押収されています。罪体に関する罪証隠滅の余地はほぼなさそうです。また、Aさんには同種前歴があるため、常習性が疑われている可能性はありますが、量刑にそれほど影響があるとは思えません。そこで、あらためて本件の特殊性について考えてみました。そして、本件は、AさんとB君が一緒に買物をしているときに発生した事件であることに気づきました。もしかしたら、検事と裁判官は、B君が共犯者であると疑っているのか（映画「万引き家族」を見た記憶からその着想を得ました。なお、B君はAさんの逮捕を受けて児童相談所に保護されていました）、そうでないとしてもB君との口裏合わせの可能性を懸念しているのかもしれないと思いました。

準抗告申立

そこで、私は再度Aさんに接見し、B君が事件にどう関係しているかを確認しました。Aさんによれば、B君は今回たまたま犯行現場に居合わせただけで、共犯関係はありませんでした。私は準抗告申立書において、B君は事件と関係がないこと、また犯行を目撃している可能性はあるにしても、万引きGメンが犯行を目撃しており、AさんとB君との口裏合わせによる罪証隠滅の余地はないことを強調しました。さらに、念のため九州にいるAさんの両親に連絡をとって上申書を取得し、事件が終結するまで、AさんとB君が事件の話をしないよう監督することを誓約してもらいました。常習性についても手当をするべく、両親がAさんの同種前歴を把握しており、普段からAさんの買物後にレシートの有無をチェックしていること、両親が把握する限り、同種前歴以来、Aさんの自宅にはレシートなしにAさんが持ち帰った物品がないこと

（常習性の証拠の不存在）を確認し、両親の上申書に記載しました。

結果、準抗告は認容されました。Aさんは無事、家族のもとに帰ることができました。

ワンポイントアドバイス

事案の本質を見極め、諦めずに全件準抗告を

いったん勾留決定がなされてしまうと、裁判所がこれを覆す見込みは乏しいように感じてしまうものです。もちろん、裁判官の決定には相応の重みがあります。

しかし、慎重に検討をしてみましょう。

なぜ裁判官は勾留決定を出したのか。それについて、勾留決定後の事情でカバーすることはできないか。

勾留の必要性が乏しいことが見過ごされていないか。すなわち形式的な勾留理由が認められるとしても、その程度が低かったり、被疑者の被る不利益が大きいことについて、説得的にアピールできる材料・方法はないか。

さらに、自分自身の中に、この事案は勾留されても仕方ないという思い込みはないか。外国人だからとか、重大な罪名が付されているからという理由で諦めてしまい、身柄解放に向けた活動を尽くしていないのではないか。

各体験談にあるように、事案に即した粘り強い活動が身柄解放につながる例は多くあります。準抗告は全件行う姿勢で、諦めずに申立てを行いましょう。

Method
07 保釈

▸ 発想を自由に、身柄も自由に

――身元引受人と適切な制限住居を確保し、時間の経過に応じて捜査の進行・公判での証拠取調べの程度から罪証隠滅のおそれがないことを主張し、長期の身体拘束が被告人と周囲の人々に与える影響の大きさを説明することが肝要である。

また、現実には保釈保証金の確保が最も大きな課題となるケースも多い。

身元引受人が見つからない場合でも諦めるな

捜査弁護に着手後、示談交渉とともに最重要となるのが身元引受人の確保です。被告人と同居できる人物が見つからない場合でも、電話やメールでの監督ができる人物や、職場にいる間は監督できる被告人の上司や同僚など、複数の身元引受人を揃えることで保釈が認められることがあります。

また制限住居を工夫し、病院など、常に第三者の監督下に置かれる状況とすることも有効です。

捜査の進行状況を把握せよ

罪証隠滅のおそれがないことを説明する際、通常起訴時までにどのような捜査が行われるか、具体的な事案で必要な捜査がどこまで完了しているかを把握することは大変重要です。これにより、適切なタイミングで、「捜査の大半が完了しており、さらなる証拠収集の必要性がないので保釈してほしい」と主張することができます。

検事とのコミュニケーションの際に積極的に捜査状況を確認したり、事件関係者から取調べの実施状況を確認するなどして捜査機関の動きを把握しましょう。

長期の身体拘束による「本人以外への」影響の大きさを主張せよ

長期の身体拘束により、被告人は職を失ったり、家族関係に問題が生じるようになったり、大きな不利益を被ります。弁護人としてはアクリル板越しに苦しむ被告人の不利益ばかりが目につきがちですが、身柄解放を求める場合に意識して主張すべきなのは、被告人自身だけではなく、周囲の人々の被る不利益です。

被告人が事業をしていたり、会社で大きな役割を担っている場合、会社が立ち行かなくなることで顧客に損害が生じるほか、他の従業員の生活が危ぶまれる事態になります。また被告人が一家の大黒柱である場合、職を失えば家族の生活が成り立ちません。

こういった周囲への影響の大きさについては、裁判所も考慮せざるを得ないことが多いです。

保釈保証金の確保

保釈請求を行ううえで実質的に大きな問題となるのが、保釈保証金の確保です。

保証人となってくれる人物がいる場合には、保釈支援協会の利用が考えられるでしょう。起訴前でも審査を行ってくれるので、事前に審査を済ませ、起訴後はすぐに利用できる状態にしておくべきです。

また、少しでも保釈保証金の金額を下げてもらうよう、保釈請求時に裁判官を説得することも重要です。

公判前に認められずとも諦めるな！
公判開始後の再チャレンジ

公判開始前に保釈請求が認められない場合でも、公判開始後は証拠調べが順次終了するため、罪証隠滅のおそれが逓減していきます。公判の進行に応じ、諦めずに再度保釈請求を行うべきです。

実刑判決後の再保釈請求

第一審で保釈中に実刑判決が出た場合、被告人は判決後にそのまま連れて行かれるため、控訴を行うことが決まっている場合には、判決直後に控訴及び再保釈請求を行います。

いわゆる自白事件の場合には、上訴審における罪証隠滅のおそれは極めて低いため、この点を全面に出すことが有効です。

なお、再保釈請求の際には、原審までの段階で納付した保釈保証金を引き続き保釈保証金に充当するよう上申書を出し、足りない金額のみ追納します。

体験談1

鑑定留置先を制限住居とする保釈決定

弁護士2年目　女性

保釈請求時における制限住居の記載

保釈請求書を提出する際、被告人の自宅、家族の住居、友人の住居などを制限住居としたうえで保釈を認めるよう求めることが一般的です。

しかしながら、事件類型によって、これらの制限住居では保釈が認められないことが予想される場合があります。

鑑定留置が行われている場合

私が担当したある事件は、親族間の殺人未遂事件で、被疑者段階で鑑定留置が行われていました。精神病院に入院しつつ、精神科医師による精神鑑定を受けており、公判でも責任能力を争う予定の事案でした。被害者は別の病院に入院しており、自宅で日中被告人に付き添える家族がいませんでした。

治療の必要性があるほか、親族間の事件であったこともあり、最も懸念されることは被告人の自傷行為でした。しかしながら日中、被告人を監督できる人物がおらず、自宅や親族宅を制限住居としたのでは保釈が認められないことが予想されました。

鑑定留置先を制限住居とする提案

そこで私は、検察官が選定した鑑定留置先の病院に被告人を任意入院させてもらい、そこを制限住居とすることが最も自傷行為の可能性がなく安全で、治療効果も見込め、保釈決定を得やすいのではないかと考えました。幸いなことに、被告人も警察署より鑑定留置先の方が過ごしやすかったという感想をもっており、この提案に難色を示すことはありませんでした。

事前に鑑定留置先の鑑定医及び主治医と協議を行い、任意入院での受入れが可能であること、入院開始可能時期及び期間、生活体制等を確認しました。病院側の同意を得て協議内容を報告書にまとめ、保釈請求書に添付して保釈請求を行ったところ、保釈許可決定を得ることができました。

病院側の理解・協力

上記の事件で大きかったのは、被告人の治療に熱心に取り組んでくれていた病院側の理解・協力でした。

弁護人から同様の提案を受けたことはない、前例がないとは述べていたものの、被告人の治療の観点から協力してくれました。早い時点で患者（被告人）のためにどのような生活が望ましいのかを一緒に検討できたことで、非常に丁寧な鑑定や治療を行ってもらうこともできました。

体験談 2

数十万円の差でも保釈できるかわかれる

弁護士６年目　男性

治療が必要な窃盗事件

被疑者国選で配点された、スーパーでお惣菜をとってしまったという窃盗事件です。

勾留されている警察署に行き、接見をしたところ、お惣菜を買うことができる十分な金額はお財布に入っており、特に生活に困窮しているわけではないが、これまでも何回か窃盗行為を繰り返していることがわかりました。直近では、半年以内に罰金刑を受けていることから、今回も示談ができなければ公判請求もあり得る事案でした。

責任能力を争う事案ではないが、今後も同じことを繰り返さないためにも治療が必要だと思いました。これまでは、専門的な治療を受けたことはないということだったので、どういった治療機関があるかも含めて、クレプトマニアに関する書籍や資料を差し入れていました。被疑者自身も治療に前向きになり、できるだけ早く治療をしたいという意向を有するようになりました。

勾留に対する準抗告、勾留延長に対する準抗告も行いましたが、被疑者の釈放はできず、示談もできない状況で勾留満期日が近づいてきました。

保釈申請の準備

被害店舗との示談も困難な状況の中、起訴されることが濃厚となってきたので、起訴後すぐに保釈請求をする準備を始めました。

被疑者本人の誓約書、身元引受人の身元引受書を準備しました。

公判になっても、公訴事実を争う予定はない事件でしたので、罰金刑の前科があったとしても上記の書類があれば、おそらく保釈は認められるのではないかという見通しでした。

もっとも、仮に保釈が許可されたとしても保釈保証金が納付できなければ、被告人の身体は解放されません。

金額の目安としても、150万から多くとも200万円程度だろうと考えており、自己資金だけでは足りない場合は、保釈支援協会を使うことを考えていました。保釈支援協会に事前に連絡をしたところ、詳しい事情は書けませんが、仮に申込みをしたとしてもおそらく認められないだろうということでした。

そのため、身元引受人含めて関係者から保釈保証金を集める必要がありましたが、満期直前の時期に保釈保証金を準備することになっていた身元引受人から、「現時点では120万円の用意ができているが、150万円以上は難しい」と連絡がありました。

保釈金額の減額交渉

保釈請求をするだけの資料も揃い、起訴後すぐに保釈請求をすることができる状況ではありましたが、保釈金についてあらかじめ減額を求める資料を添付することになりました。

そこには、減額を求める理由と資料（本件の場合は、本人及び身元引受人の収入状況がわかる資料）を添付したうえで、裁判官面接を申し入れしました。電話面接ではなく、資料の説明、保釈の必要性について、口頭でも十分に説明したいと思ったので、直接での面接にしました。

東京地方裁判所の場合は裁判官面接が長時間になることは珍しく、5分程度で終わることもありますので、いかに要点を伝えられるかが重要です。

本件では、裁判官が冒頭に保釈を認める方向であるということを述べ、保釈保証金の金額の話になりました。裁判官は、150万円程度を考えているということを言ってきましたので、150万円を準備することは難しい旨を再度裁判官に伝え、こちらとしても金額を集められるように努めるが、120万円程度が限界である旨を資料を踏まえて主張しました。

仮に減額が認められなければ、保釈保証金額の減額を求める準抗告をすることも視野に入れていました。

裁判官としても、保釈を認めたうえで治療を受けさせる重要性については理解を示してくれていたので、金額についても十分に考慮してくれて、結果としては130万円の保釈保証金になりました。こちらが主張していた金額よりも10万円多かったのですが、身元引受人を含めた関係者に事情を話して、なんとか頑張ってもらい、130万円を集め、無事に被告人の身柄は解放されました。

体験談 3

保釈保証金の親族からの用立て

弁護士３年目　男性

受任から起訴まで

国選弁護事件として、覚せい剤取締法違反（自己使用）被疑事件を受任しました。被疑者は、被疑事実を認めていましたが、まだ若く、仕事も転職先に新しく勤め始めたばかりで、できる限り早期に身柄を解放して、今後のことを十分に考える必要がありました。

もっとも、残念ながら勾留を回避することはできませんでしたので、勾留されている間は密に接見をして、種々の事務を行うことにしました。

保釈請求の準備

私は、勤務先との連絡・調整や、家族との連絡を行い、急を要する一通りの事務については、無事終えることができました。

被疑者は、過去にも覚せい剤使用の経験があり、前回当時は、覚せい剤使用経験者で構成されている団体の勉強会に参加するなどしていました。

それだけに、再度覚せい剤を使用してしまったことを知った両親の失望は深く、今回で、何としてでも脱却してほしいとの切なる思いを聞いていました。

もちろん、被疑者本人も同じことを考えていて、何とか今回で終わりにしたいということを述べており（法律上、執行猶予を付すことができない事案であったため）、出所してからの身の振り方を真剣に考えていました。

このような思いを聞くにつけ、私としても何とか今回を最後に、立ち直ってほしいと考え、薬物使用等の依存からの脱却を専門としている団体に協力を要請し、両親・被疑者本人とも相談のうえ、保釈が認められた際には、同団体の寮で生活することを了解してもらい、さらに監督を誓約する文書もいただきました。

保釈保証金の準備

ここまで準備を整え、いよいよ起訴がなされたので、早速保釈請求の準備をしました。

保釈保証金については、被疑者と両親に相談のうえ、両親が支払ってくれることとなっていましたが、両親は遠方に住んでおり、お金のやり取りは、私の預り金口口座に入金してもらう形で行うことを事前に確認していました。

「準備は整った」と考えた私は、起訴されてすぐに保釈請求を行い、無事保釈の決定を得ることができました。

準備不足（その１）

保釈保証金の納付方法については、裁判所（出納課）に現金を持参し納付する方法と、電子納付による方法があります。電子納付による場合には、365日24時間納付が行えるほか、日時や場所を選ばないというメリットがありますが、同制度は事前に登録をしておかなければならず、当時、登録をしていなかった私は、当日午前中、裁判所に現金を持参して納付し、午後には保釈という流れで行うことを想定していました。

両親からはかなり前もって私の預り金口口座に入金をしてもらっていたので、私は、前日に、ATMを利用してお金を引き出そうとしたところ、引出上限額を引き上げるのを失念しており、50万円までしか引き出せない状態になっていました。

慌てて銀行に電話をし、当日営業時間中に近くの支店で、窓口での引出しを行う羽目になりました。

準備不足（その２）

また、保釈保証金の額にも問題が生じました。

私は、両親に対し、事前の説明で、同種同様の事案の際におおむね平均的とされている保釈保証金を預かっていました。そして、裁判所には、保釈保証金の希望額として、上記お預かりをしている金額を少し下回る金額を伝えてありました。

しかし、裁判所からは（おそらく大手企業に就職したことなどが裏目に評価されたのでしょう）、想定よりも少し高い金額が提示され、預かっている金額では不足が生じてしまったのです。

慌てて両親に、再度振込みをお願いする羽目になってしまいましたが、迅速に対応いただいたおかげで、何とか予定のスケジュールは変更せずに無事保釈までこぎつけました。

保釈された後、被告人や両親にも感謝の言葉をいただいたのですが、私としては、初めからもう少し入念に準備をしていれば、もっとスムーズに、余計な負担なくことを運べたはずの件であったため、手放しには喜べませんでした。

ワンポイントアドバイス

柔軟な発想と、着実な手続で身柄を自由に！

保釈請求は身柄解放のための活動のうちの１つですが、次の２つの特色があります。

すなわち、保釈請求時には、通常は捜査は終了し、罪証隠滅のおそれが類型的に低下しています（特色 1）。

もっとも、逃亡や、事件関係者への接触の可能性が残ります。

裁判官・裁判所が何を懸念するかを考え、被告人の特性や事件の類型に即して、柔軟に制限住居を検討してみましょう。例として、病院であれば被告人の監督までを期待できることもあるでしょう。また、住み込みで働ける場所であれば一定の行動監督のほか、更生や被害弁償に資する可能性も生じます。

次に、保釈に際してはまとまった金銭（保釈保証金）を用意する必要があります（特色 2）。裁判官・裁判所との減額交渉に際しては、被告人や関係者から可能な限りの事情を聞き取ったうえで、収入や借入れの状況、あるいは就業困難な状況であること等、減額の必要性を基礎づける資料をできるだけ集めましょう。

保釈保証金の額が用意した額を超えた場合にどうするか、あらかじめ関係者と打ち合わせておきましょう。保釈に伴う事務作業に慣れていない場合、他の弁護士に確認を求めたり、事務局と段取りを打ち合わせることも重要です。

Method

08　示談

▶ 示談の進め方に正解はない！

――被害者との示談交渉は、捜査段階において、とても重要な弁護活動になる。示談ができるかどうかで依頼者に前科がつくかつかないかが決まってしまう事案も多い。被害者にはさまざまなタイプがあり、全ての示談交渉がうまくいくような「セオリー」は存在しない。しかし、事前に必要な準備をきちんとしておくことで、無用な交渉決裂を避けることはできる。

被害者の連絡先を聞くまでの流れ

被害者の連絡先を警察官や検察官経由で入手するのが基本です。警察官または検察官に、「示談の意向があるので、被害者に弁護人限りで連絡先を教えてよいかを聞いていただきたい。犯人には絶対に被害者の方のお名前も連絡先も伝えないので、その旨も先方にお伝えください」と伝えると、被害者に確認してくれて、数日以内に結果を教えてくれます。このとき、被害届はすでに提出済みなのか、親告罪の場合、すでに告訴はされているのかを聞いておくことが重要です。

被害者の連絡先を教えてもらったら、その日のうちに、電話をかけるのがベストです。日数が経ってから電話すると、「なんですぐに電話しないのだ」と言われるおそれがあります。

被害者との電話は短く！

電話がつながったら、加害者の弁護士であることを伝え、謝罪と被害の弁償をしたいので会ってもらえないかと頼みます。弁護人に連絡先を教えることを許可している被害者の場合、電話で弁護士が会いたいと言ってくることは想定内であるため、すんなり会ってもらえるケースが多いです。電話でのポイントは、とにかく、余計なことを言わないことです。こちらが想定している示談金の額や、示談書に入れる条件等について、電話で話してしまうと、「こちらの条件をのんでもらえるまでは会わない」と言われてしまう可能性があります。そうなってしまうと、被害者と直接会って、被疑者の反省状況を伝えたり、弁護人の考えを述べたりして相手の怒りを静めることが難しくなります。

電話では、「詳細は会ってお話しさせていただくので、会っていただけないか」ということを簡潔に伝えましょう。

示談の場所については特に決まりはありません。席と席がある程度離れており、周りの人が話をしていて隣に声が聞こえにくいファミリーレストランなどがあげられます。被害者に都合のよい駅名を聞き、地図アプリで駅の近くにあるファミリーレストランをその場で検索して、示談の場所を決めます。

示談準備

示談交渉当日までの間に、示談金、示談書案、被害届取下書、被疑者作成の謝罪文等の書類を準備しておきます。被害者に示談当日に示談金を受け取ってもらい、その場で示談を終わらせるのが理想です。ただし、こちらが提示する予定の金額では被害者が納得せず、当初の提示金額より増額となった場合、増額後の金額を示談の場で取り出すことは不適切です。そのため、当初の提示金額よりも増額となった場合には、後日銀行振込みの方法にするか、後日示談締結のために再度被害者と会うことになります。

また、示談書の条項も、被害届がまだ出ていない場合には、「今後被害届を提出しない」としておくなど、状況に応じた文言のものを用意しておきます。

また、示談がまとまったが、被害者が印鑑を持ってこなかった場合、弁護人が被害者の印鑑を購入しに行く、というのも有効です。示談場所近くで印鑑を売っている店をあらかじめ調べておくとスムーズです。

また、被疑者とも事前に話をして示談に備えます。被害者からは、被疑者の家族構成や勤務先などを聞かれることが多いので、質問を予想し、どこまで答えてよいのかを事前に確認しておくようにします。

また、被害者が希望する可能性のある誓約事項（痴漢をした区間の電車に乗らない、当該電車に乗るときは○号車に乗る、等）についても、どのような誓約事項であれば弁護人の判断で追加してよいかを事前に確認しておく必要があります。

いざ、示談交渉！

準備が整ったら、いよいよ示談交渉本番です。集合時間の10分前には、示談場所に到着しておくようにします。ファミリーレストランであれば先に入って席をとっておきます。このとき、満席であればすぐに別の店に電話をし、空いているかを確認しておきます。店が決まらず、無駄に被害者を歩かせるのは避けたいところです。

示談の際の被害者との接し方は、弁護士によってさまざまですので、詳しくは体験談に譲りますが、とにかく被害者の話をきちんと聞くことが重要だと思います。経験を積むにつれて、被害者のタイプによって、うまくいきやすいキャラクターの作り方がわかってきます。

体験談 1

被害者の交際相手と示談交渉をしたらこじれてしまった!

弁護士５年目　女性

「交際相手と話をしてほしい」

通常の事件であれば、検察官に被害者の示談意向の確認をしてもらい、連絡先を聞き、被害者に電話や手紙を送付することになりますが、私が弁護士になって２件目の刑事事件で、被害者に電話をしたところ、「自分は怖いので恋人と話をしてほしい」と言われたことがありました。当時の私は、「『恋人とは交渉できません』というと、交渉自体ができなくなるかもしれない」と思い、「わかりました」と言って、教えてもらった交際相手に電話をしました。しかし、それが失敗の始まりでした。

不当な要求をされ始めた

電話に出た被害者の交際相手はかなり高圧的な人でした。電話するやいなや、「すぐに来い」と言われ、すぐにアポイントをとって会ってみると、いきなり示談金額を提示してきました。その際、恋人である被害者の様子や、被害者自身が示談についてどう言っているのかなどは交際相手の口からは聞かれなかったので、少し変だな、とは思いました。ですが、提示された示談金の額は、少々相場より高い程度だったので、被疑者にも説明し、交際相手が提示した金額に近い金額で示談をまとめることにしました。もし、このまま進んでいたら、被害者とは会わずに、交際相手に示談書を渡し、交際相手が被害者の署名をもらったうえで弁護士事務所に郵送する、という形になっていたかもしれません。
　しかし、実際に支払いをする、という段階になって、交際相手から「示談金を減額して示談書を作成し、差額は自分の口座に入れてほしい」と言われました。どうやら、示談金の一部を自分のものにし、被害者にはそのことを隠す魂胆だったようです。このときに、示談交渉は全て、交際相手の考えで進んでいること、被害者の意向が一切反映されていないことに気がつきました。被害者の意向が一切反映されていないのであれば、たとえ形式的には示談が成立して被害者の署名があったとしても、後に検察官から被害者に処罰意思について確認がされた際、「刑事処罰を求めません」と言ってもらえる保証がなくなります。まずいと思った私は、事務所の弁護士やボス弁の力を借りました。
　最終的に、交際相手同席のもと、被害者本人と会うことができ、被害者の面前で示談書を締結することができました。

被害者本人と示談すればよかった

　このケースのように、被害者の関係者と示談交渉をすると、被害者の意向を無視して金額や条件が設定されたり、時には、関係者が自身の利益を図って無茶な要求をしてくることがあります。
　そもそも、被害者から交際相手と話をしてほしいと言われた時点で、まずは、「それはできない」とはっきり言うべきでした。せめて、被害者本人との同席にしてもらうという形をとれば、被害者の意向を確認しながら示談交渉ができたと思います。示談交渉は慎重にしなければならないなと強く思いました。

体験談 2

被害弁償の準備

弁護士８年目　女性

少額だけど……

Ａさんは、スーパーで万引きしたということで、逮捕・勾留されました。被害品は食料品で、被害金額は少額でした。

Ａさんは、被害弁償をする意思がありましたが、手持ちの現金はなく、また、一人暮らしだったため、被害弁償金の手配を依頼できる人がいませんでした。

すると、Ａさんから、自分の親族に連絡し、代わりに被害弁償をしてもらえないか頼んでほしいと言われました。

そこで、私は、Ａさんから聞いた数名の親族にそれぞれ連絡をしましたが、全員から、協力できないとの回答をされてしまいました。

Ａさんにその旨を伝えると、Ａさんから、自分の自宅に通帳があり、口座に少しお金が入っているはずだから、それで被害弁償ができるはずだ、私がＡさんの自宅に行き、通帳を見つけて、お金をおろしてきてほしいと言われました。他の弁護士にも相談しましたが、不確実な事情が多く、後々トラブルになる可能性もあるのでやめた方がよいと言われ、それについては断りました。

他方、念のため、被害店舗にも連絡し、被害弁償金の手配ができた場合、受け取ってもらえるかどうかを確認したところ、被害店舗からは、商品の買い取りには応じるが店舗には来てほしくないとの回答がありました。

被害弁償の方法

私は、被害弁償ができれば、不起訴の可能性が極めて高い事案でしたので、何とかできないかと思い、検察官に連絡し、状況を説明しました。

すると、検察官からは、罪を認めていることから、処分保留で釈放するので、A さんが被害店舗に現金書留で被害弁償金を送り、それを裏付ける資料を確認できたら A さんを不起訴にするということではどうかとの提案がありました。

私は、その話を A さんにしたところ、A さんはこれを承諾しました。

結局、A さんは釈放され、釈放後、被害店舗に被害弁償金を送りました。その資料を私の事務所に持参したので、それを検察官に提出したところ、A さんは不起訴になりました。

体験談 3

示談のために必要な反省

弁護士２年目　男性

被疑者の反省を深める目的

依頼人が事実を全面的に認めている事件（自白事件）においては、被疑者・被告人が反省の態度を示していることが、起訴猶予処分や執行猶予付きの判決といった、依頼人にとって有利な結果に結びつくことがあります。

そのため、自白事件において、書籍を差し入れたり、依存症の治療に通ってもらったりして、依頼人の反省を促した経験のある先生は多いと思います。先生方の中には、依頼人の反省がなかなか深まらず、四苦八苦した方もいらっしゃるのではないでしょうか。
私がまだ弁護士になって間もない頃、とある盗撮事件の示談交渉を通じて、依頼人の反省を深めることの重要性に気づいたことがありますので、紹介させていただきます。

「犯人は本当に反省しているんですか?」

Aさんは、通勤中に駅のエスカレーターでスマートフォンを用いて盗撮に及んだところ、被害者に発見され、臨場した警察官の求めに応じて警察署まで任意同行し、取調べを受けてからの帰宅となりました。
Aさんの依頼を受けることになった私は、何とか示談を成立させてAさんのために不起訴処分を得たいと意気込みました。
受任後、担当の警察官が速やかに被害者に連絡をとってくれたことにより、早々に被害者に電話をかけることができ、被害者と会って示談交渉を行うことになりました。あらかじめ、Aさんには謝罪文を作成してもらっていたので、示談交渉には謝罪文を持参しました。
示談交渉の現場では、被害者に謝罪文を読んでもらい、私の口からもAさんの謝罪の言葉を伝えました。しかしながら、被害者は納得できない様子で、「犯人は被害者の女性がどれだけ苦しむかわかっているんですか?」「先生は犯人が反省していると言いますが、具体的に何か行動しているんですか?　こんな謝罪文だけじゃ反省しているなんて信じられませんよ」と言われてしまいました。
そして、被害者の発言に対して、私は「依頼人は本当に反省しているんです……」と同じようなことを繰り返し述べることしかできず、Aさんが被害者の女性の苦しみをどのように理解し、反省して今はどんな生活を送っているかについて、具体的な説明をすることができなかったのです。
結局、被害者がもう一度きちんとAさんの反省の様子を知りたいということで、1週間後に示談交渉の機会をもつことになりました。

入念な打合せの後、示談に再チャレンジ

私は、示談交渉の後、Aさんに事務所に来てもらってもう一度打合せをしました。

そして、Aさんに対して、被害者とのやり取りを報告し、あらためて現在の心境や生活について聞くと、Aさんは以下のような話をしてくれたのです。

「実は、先生に依頼する前に、事件のことを妻に打ち明けていました。そうしたら、妻は自分が以前に盗撮被害に遭ったとき、盗撮が怖くなり好きな服が着れなくなってしまったと教えてくれました。妻の話を聞いて、盗撮の罪の重さをあらためて実感しました。それから、インターネットで性被害に遭った女性の体験談を探して読んでみて、被害に遭ったことで被害者が彼氏や夫との関係が気まずくなってしまったり、外出できなくなってしまったりすると知りました。

先生、私は本当にとんでもないことをしてしまったんですね。本当に反省しています」

私は、Aさんの話を聞いて、この話を示談交渉の時に被害者に伝えられていたら、被害者もAさんが反省していると納得してくれていたのではないかと思い、自分の聴取不足を後悔しました。

そして、打合せではさらにAさんの言葉を引き出し、被害者の質問に対して即答できるように入念に準備をして二度目の示談交渉に臨みました。

すると、被害者の疑問に対して、具体的なAさんのエピソードや言葉を引用して答えることができ、被害者も納得して示談に応じてくれ、その後に不起訴処分を得ることができました。

今回の事件を通して、自白事件においては、依頼者に形だけの反省をさせるのではなく、犯罪の問題点や被害者の気持ちを具体的に理解して反省を深めてもらい、再犯防止のための行動に移してもらったうえで、そのことを被害者に伝えることが示談交渉に有用であると実感しました。

ワンポイントアドバイス

示談交渉は奥が深い

示談交渉に臨む場合、とかくお金の有無に関心がいきがちです。しかしながら、お金の有無は当然大事ですが、示談はそれだけで成立するものではありません。

勾留満期までにお金が準備できずとも、検察官と交渉することにより被疑者の釈放を得て、その後に正式に示談交渉をするということもあります。

一方で、お金があったとしても、うわべだけの反省を被害者に見透かされて示談が成立しないこともあります。

さらには、被害者の了承を得ていたとしても示談が成立しないことまであります。示談はお金だけが全てではありません。弁護士としての知識経験、人間力を総動員して臨みましょう。

なお、示談の際に被害者から被疑者や被告人のプライベートな情報を求められることもありますが、守秘義務違反とならないよう、示談成立を目指すためにどこまで伝えてもよいのか、事前に入念に依頼人と打合せを行っておきましょう。

Method

09 証拠収集

▶ 捜査機関に負けるな！

――被疑者弁護活動の柱には、被疑者との接見、取調べ対応のほかに弁護人としての証拠収集がある。不起訴獲得に向けた証拠収集が、公判でも役立つことは大いにある。攻撃こそ最大の防御であることを肝に銘じよう。

捜査段階における証拠収集

捜査機関が強大な権力のもとに証拠収集するのに対し（刑事訴訟法197条等）、弁護人の証拠収集力は非力と言わざるを得ません。

捜査段階において、弁護人は、捜査機関が収集した証拠にアクセスすることができず、被疑者の供述のみで事件の全体像を把握せざるを得ないことも多いでしょう。とはいえ、不起訴獲得のためには積極的に検察官に働きかけることも重要であり、そのための証拠収集は欠かせません。被疑者だからこそ収集可能な証拠や、被疑者に有利な（だから捜査機関があえて無視する）証拠は、弁護人が何もしなければ闇に葬り去られてしまいます。

自白事件の場合であれば、被害者との示談書は弁護人でなければ獲得できない証拠ですし、被疑者の反省文、謝罪文、誓約書や親族等の身元引受書等は捜査機関は収集しませんから、弁護人から検察官に提出する必要があります。

一方、否認事件の場合は、弁護人から捜査機関に証拠を提出するにあたっては慎重な検討が必要です。強大な捜査権力を背景に、弁護人提出証拠の反対証拠を集めて、いわゆる証拠潰しが行われる可能性があるからです。原則は黙秘して調書を作らせず、嫌疑不十分での不起訴を目指すべきでしょう。もっとも、真犯人が別にいる明らかな証拠などであれば、提出することで嫌疑が晴れることもあり得ますが、その見極めは慎重にする必要があります。

公判準備としての証拠収集

不起訴を狙って収集した証拠は、起訴後、多くの場合に弁号証としても有用です。

自白事件であれば、公判までの時間を利用して被告人の反省を示す証拠や再犯の可能性を減少させる証拠（→体験談2）の作成を検討することができます。

否認事件であれば、弁護人のケースセオリーを支える証拠が検察官手持ち証拠にないならば、積極的に収集して、弁号証として請求することが必要です。

証拠収集の手段

捜査機関のような捜査権限を有しない弁護人としては、考え得るさまざまな手段で証拠収集を目指します。弁護側で比較的容易に手に入れることができる証拠としては被告人作成の反省文、謝罪文、誓約書、アリバイ等を記載した上申書などがあります。また、被疑者に協力してもらえる人からの身元引受書、上申書等も比較的容易に入手できる証拠です。これらは必要に応じて確定日付をとりましょう。

そして、弁護側主張を支える客観証拠の入手については、刑事訴訟法上の手段である証拠保全（刑事訴訟法179条1項)、公務所等照会（同法279条）のほか、弁護士会照会（弁護士法23条の2)、個人情報開示請求（行政機関の保有する個人情報の保護に関する法律12条1項→体験談1）などがあります。最良証拠が取得できない場合でも、弁護人が各所に問い合わせたり、現場を確認したりした内容を弁護人の報告書として作成することも考えられます。

なお、証拠収集の際には、検察官が不同意意見を述べた場合の対応についてもあわせて考えておくことが重要です。

体験談 1

個人情報開示請求

弁護士４年目　男性

行政機関への開示請求

証拠収集の際、病院に対して医療記録の開示請求を行ったり、警察署・児童相談所等の公的機関に対して相談記録や本人情報の開示請求を行うことがあります。相手方が公的機関の場合、個人情報開示請求を行うことが必要です。

請求は迅速に

個人情報開示請求の場合、開示決定から実際に資料が手元に届くまで一定の時間を要します。また、全体が開示されることはまれであり、一部開示決定に基づきマスキングされた資料が開示されることがほとんどです。

このため、捜査段階の早い時点から請求を行い、どのような資料が来るのか、足りない情報は何か大枠をつかんでおく必要があります。

文書の特定

開示請求の際には、開示対象となる文書を特定しなければなりません。開示請求の対象となる課に事前に連絡を入れ、どのような文書があるか、どのように特定したらよいのかを確認した方がよいでしょう。

また請求日以後に追加された情報は開示されないため、請求タイミングを検討し、必要であれば複数回の請求を行う必要があります。

開示資料の確認後

開示資料を受領した段階でマスキング部分が多く、情報に不足がある場合には、起訴後、裁判所に対する公務所等照会の請求（刑事訴訟法279条）や証拠提出命令（同法99条）発令の申立てを行うことを検討します。

体験談２

自己破産の申立て

弁護士７年目　女性

示談は成立、ほかにやることは……？

個人経営のお店を狙い、１人で店番をしていた店員の背中にスタンガンを押し当て、さらに殴打して現金をとろうとした強盗致傷の事案です。犯罪事実に争いはなく、情状が争点でした。

被害者のいる事案ですから、まずは示談の獲得を目指しました。被告人に資力はなく、親族にお願いして、何とか示談金を用意してもらうことで示談成立となりました。

なお、本件の被害者は外国人で日本語の読み書きができませんでした。このような場合に、後のトラブルとならないようにいろいろな工夫があると思いますが、本件では、日本語で作成した示談書について、日本人の配偶者に読み聞かせをお願いして、内容を理解してもらいました。そのうえで、示談書にはその配偶者のサインももらいました。

本件は裁判員裁判でしたが、起訴前に示談を成立させていたため、公判までにほかに何かできないか考えました。

借金苦が動機なら、借金をなくそう！

公判前整理手続が始まり、想定弁論を作成する中で、被告人が交通事故により収入が途絶え、借金苦から強盗を決意したという事情に着目しました。

つまり、被告人には数百万円にものぼる借金が残っており、交通事故の後遺症で今後その借金を返済できるような収入を得る目途も立っていません。これでは、社会復帰した後に再犯に及ぶだろうと思われても仕方ありません。

そこで、自己破産（同時廃止）を申し立てることにしました。公判前整理手続の中で、弁護人請求証拠として自己破産の免責決定を予定していること、破産手続の状況を随時報告しました。公判前に免責決定を得ることができましたので、証拠請求し、検察官の同意のもと無事証拠採用されました。

事案が悪質でしたので、残念ながら執行猶予は付されませんでしたが、免責決定を得たことは判決の中でも触れられ、再犯のおそれの程度についてはそれなりの影響を与えたと思います。

なお、本件は国選弁護事件であり、破産申立てにかかる弁護士費用については法テラスの民事法律扶助を利用しました。

ワンポイントアドバイス

証拠収集は迅速かつ柔軟に！

弁護人としての証拠収集はとにかく時間との勝負です。不起訴・起訴猶予を目指す場合はなおさら重要です。

個人情報開示請求を行う場合には、請求書を出した後にもさらに文書の特定や、本人同意書などを要求される場合があるので、早め早めの対応が必要となります。

また、情状弁護においては、反省文、謝罪文、示談書、身元引受書といった典型書証を超えて、弁護人の柔軟な発想力が重要な場合があります。当該被告人や当該事案の特質を見極め、公判までにできることにチャレンジし、証拠として顕出しましょう。公判までに間に合わないとしても、公判時点でどのようなことをしているか、弁護人の報告書として証拠提出することも有用です。

財産犯の場合、紹介した例以外にも、就職した、ギャンブル依存症の治療を始めた、相続財産を得たなど再犯のおそれを減じさせる情状立証が考えられます。

Method 10

取調べ対応

黙秘を躊躇うな！

――身柄事件において、被疑者が受ける取調べ。

初回接見をし、事案を聞いたうえで、今後の対応について被疑者と話す中で、取調べに対してどうやって対応すればよいですか？　と聞かれることは多いのではないか。仮に聞かれなくとも、弁護人の方から積極的に取調べの対応についてアドバイスをするべきである。被疑者が黙秘をする場合、供述をする場合、弁護人として被疑者に対して、適切にアドバイスをする必要がある。

否認している事件の取調べ対応について

基本的には黙秘をして、調書に署名押印をしないという方針をとるべきでしょう。

取調べにおいて被疑者が供述をしてしまうと、仮に署名押印を拒否して証拠能力のある調書が作成されなかったとしても、捜査機関に対して情報を与えることになってしまい、被疑者にとって不利になる可能性もありますので、被疑者が供述をする場合は細心の注意が必要です。その点からしても、被疑者が取調べにおいて供述することはリスクが高いといえますので、捜査時に被疑者としての言い分を伝える際は弁護人から書面等で伝えるべきだと考えられます。

黙秘をしている捜査機関は被疑者に対して供述するように迫ってくることがあります。

その際は、あらかじめ接見時に、捜査機関が被疑者に対して、供述を迫ってくることがあることを伝えておくとよいでしょう。

なお、「覚えていない」は積極的な否認の供述となりますので、はっきり「黙秘する」と答えるよう指示をしましょう。

認めている事件の取調べ対応について

被疑者が被疑事実を認めている事件だとすると、捜査機関の取調べに対しても原則として応じたうえで調書を作成することも多いと思われます。

もっとも、被疑事実の大筋には争いがないが、具体的な行為態様については争いがあるということもあります。その場合はその点についても争うのかを含めて接見時に被疑者としっかり話し合い、取調べにおいて具体的行為についてどのように話すのかを決めておくべきです。

また、調書の内容に関して、自分が言っていないことを書かれていたり、実際よりも悪く書かれていたりする可能性もあります。そのため、接見時に調書に対しては事後であっても訂正を求める権利があることをしっかり伝えておきましょう。内容または表現に誤りがある調書に対しては指印を拒否することができること、弁護人に相談してから指印をするかを決めるというようにあらかじめ、被疑者には対応策を伝えておくとよいでしょう。

調書の任意性にも影響する可能性がある

仮に被疑者の意に反する供述を調書にされてしまった場合は、被疑者ノート等に不当な取調べの内容を記録してもらい、証拠にしておく必要があります。被疑者ノートに書き切れない場合は、その場でほかのノートか紙に書いてもらい、署名をもらい、確定日付を入れることになります。

確定日付については、開いている郵便局に行き、書面に切手を貼って消印をもらう方法やコンビニエンスストア等から事務所宛にFAXを送る等の手段が考えられます。

捜査機関への抗議

被疑者が黙秘を続けていると、被疑者は捜査機関からあの手この手で供述を迫られます。その中には、虚偽の自白を誘発しかねない違法な手段と評価され得る場合もあります。接見の際に、被疑者からそのようなことを伝えられた場合は早急に捜査機関に抗議をするようにしましょう。

まずは、司法警察員が不当な取調べ等を行った場合です。

検察官は、司法警察員に対して、個別の指揮権を有しています（刑事訴訟法193条3項）。かかる指揮権を根拠にして、検察官に対して、司法警察員に対して適正な捜査を行うよう指揮することを求めることが考えられます。

警察庁は、平成20年1月に「警察捜査における取調べ適正化指針」を定めており、翌年4月には「被疑者取調べ適正化のための監督に関する規則」が施行されています。

また、警察法79条1項に基づいて、都道府県公安委員会に苦情申立てをすることができます。

次に、検察官が不当な取調べ等を行った場合です。

最高検刑第125号平成20年5月1日付「取調べに関する不満等の把握とこれに対する対応について」という通達があり、この通達を用いて、検察官に申入れをすることになります。

誰に対してどのような抗議をするのが効果的であるかを考えながら、迅速に対応することが必要です。

体験談 1

駆け引きのための黙秘

弁護士９年目　女性

黙秘権について

黙秘権は憲法で認められた権利であり、他方で自白のみでは有罪とされません。有罪とするためには必ず補強証拠が必要です。これらからすると、捜査機関は、被疑者の供述状況にかかわらず、一定の客観証拠を集める必要があり、それが捜査機関の仕事だといえます。被疑者は捜査機関の仕事に協力する義務はないということです。

一方、被疑者は、反省の第一歩として自己の犯行を語りたいということがあり得ます。また、後悔に基づいて、自己が被害者を含む社会に対して与えた衝撃を回復するべく、自己の犯行を説明して捜査機関による事案解明作業に協力したいということもあるでしょう。被疑者が自白することで、捜査機関は先に答えを知ることができ、効率的に仕事をできるのです。

自白してしまったら駆け引きができない！

ところで、自白をすべきか否かは、反省や後悔の態度にのみ基づいて決すべきものではありません。被疑者を無用に長期間取調べの苦痛に晒さないようにするために、また、適切な処遇を導くために、そのタイミングをよく考えることが必要となります。

ある集団による犯行の弁護を担当した際の話です。多数の犯行が行われたうち一部が起訴され、公判期日に向けて証拠開示等がなされたものの、いまだ検察官は追起訴があると説明していました。

経験の乏しかった私は、被疑者たちが罪を認めているのだから、早く自白をさせてその旨の調書を作成してもらい、少しでも心証をよくしようと考えていました。

しかし、当時所属していた事務所の所長はそんな私を一喝。「自白してしまったら、駆け引きができないじゃないか！」と言いました。

所長は、検察官に連絡し、「黙秘をさせている（雑談には応じさせつつ、調書はとらないという場合を含む）のは、先行きが見えないからです。ぽんぽん自白をすることで、どんどん起訴されてしまうのは困る、先行きを示してもらえれば自白をさせます」と持ちかけました。

そんなやり方ありなのかな、とそのときは思いましたが、その後、何度も繰り返し思い返して教訓としていたつもりでした。

ずるずると取調べに応じさせてしまったこと

その後、私が個人で受任した事件で、被疑者がいうには、何度も侵入窃盗を繰り返しており、全て罪を認めて潔く刑に服したいというのです。執行猶予中であったこともあり、本人の希望どおり、存分に自白をさせてきちんと調書に録取してもらいました。

しかし、そこに付け込まれたのか、最初の起訴が2月にあり、3月、4月と追起訴が続き、被疑者（被告人）は、その間、起訴後勾留を利用されて五月雨式に取調べを受け続けました。加えて、検察官は、5月の公判の段階で、まだ追起訴が続くかもしれない、しかも侵入窃盗以外の別罪だと言うのです。

所長の教訓を思い出したときには時すでに遅し、捜査機関は、起訴後勾留を利用して、やりたいようにだらだらと捜査し、被疑者（被告人）はその間、取調べに晒され続けました。

本人が自供を望んでいたにせよ、どこかで黙秘をさせるなりして処分の先行きを検察官に示させる必要があったのだろうと思っています。

体験談 2

黙秘権行使は難しい！

弁護士８年目　女性

黙秘権行使を勧める理由

被疑者は自転車を使った複数のひったくり事件を起こし、強盗致傷罪で逮捕されました。接見におもむいたところ、被疑者は、動揺した様子で、被害者の負傷が自分が考えていたよりも遥かに重かったと語り始めました。

「……先生、私が犯人であることに間違いはありません。ですから、私の罪を包み隠さず話してしまいたいのです。それでも黙秘すべきでしょうか」

「あなたが反省していることはよくわかりました。ですが、少し落ち着いて、ご自身の行動をしっかり振り返ってからお話しても遅くはないですよ」

黙秘権の行使は、行使それ自体が目的ではありません。被疑者が犯人であることを否定している場合はもちろん、犯人であること自体は認めていても犯行の態様に疑問があるケースなどにおいて、被疑者に不利な供述調書の作成を防止することが目的の１つと考えられています。

被疑者に精神的な疾患がなくても、自責の念が強すぎるがゆえに、犯行態様を過剰に話しているように思われたり、犯行態様の説明に疑問が生じるケースがあります。このようなケースでは、最終的に自白を選択するとしても、被疑者に不利な供述調書の作成を防止するため、一時的に黙秘権の行使を選択する方法があります。被疑者が特に精神的に不安定な時期に作成された供述調書は、往々にして事実と異なる供述内容になるおそれがあります。今回の事案も、被疑者の自責の念が強く、供述内容がかなり不安定なものに思えました。そこで、黙秘権の意義を説明し、「明日も接見に来て話をうかがいますから、それまでは黙秘していてくださいね」と黙秘権の行使を勧めました。

弁護人が連日接見しても黙秘することは難しい

翌日の夜、警察署に二度目の接見に行きました。

「○○さん、こんばんは。体の調子はいかがですか。本日も取調べがありましたか」

「先生、ありがとうございます。それが、少々話してしまいまして……」

「え。何か威圧的な取調べでも受けたのですか」

「いや、いたって何もありませんでしたが、ついつい……」

黙秘権の行使は、弁護人が思っている以上に困難です。人には、自分のことをわかってほしいという欲求があります。警察官や検察官の取調べが温和なものであったとしても、人が長時間何も話さないでいるということは難しいのです。そのため、黙秘権の行使を選択する事件では、弁護人は連日の接見を行います。しかしそれでも、被疑者が黙秘できないケースは珍しくありません。

被疑者の話を聞いてみると、昨日の話から変遷があるなど話が腑に落ちません。このままではおかしな供述調書になる可能性があります。

「今からでも遅くありませんよ。もう一度黙秘しましょう」

黙秘権を行使できない場合の対応

「○○さん、こんばんは。新しく選任された弁護士です。これからは、私も一緒に弁護活動をしますね」

裁判員裁判では、国選の被疑者段階でも弁護人を複数選任するよう申入れることができます。そこで、早速複数選任を申入れ、無事２人目の弁護人が選任されました。２人目の弁護人が選任されると、分担して接見の予定を立てることができるので、連日接見の負担から解放されます。

「よろしくお願いします。ところで先生、○○先生から黙秘権を行使するよう勧められているのですが、また話してしまいまして……」

今回の事案では、弁護人２人は交替で被疑者に連日接見をしました。しかし、被疑者に何度黙秘権を行使するよう促し、被疑者が承諾しても、供述することをやめません。被疑者が黙秘をするには、弁護人が被疑者に接見して黙秘をするよう助言するだけでは足りないのです。

どのようにしても被疑者が黙秘できない以上、黙秘権行使を推奨することがかえって被疑者のストレスになる。そう判断した私は、弁護人間で協議したうえ、せめて話す内容を絞る方向で対応するよう被疑者に伝えました。

体験談 3

黙秘権の実践、指印拒否対応

弁護士９年目　女性

行為態様の一部を否認している強盗傷人事件

知人と口論になり立腹してしまい、何発か殴打をしたうえで相手の所有物をいくつかとってしまったという強盗傷人事件になります。

実際に殴打したこと、物をとったこと自体は被疑者本人も認めていましたが、そこまでひどくは殴っていないし、当初から物をとる意思は有していなかった（とる際に被害者が被疑者を怖がっていた状況を利用していたかも含めて）ことから、強盗傷人で逮捕勾留されていることはおかしいと被疑事実を否認していました。

取調べの録音録画はされていましたが、録音録画の前後において、警察官が大声で被疑者に対して、「お前の言っていることは信用できない」「ここでちゃんと話さないと実刑になる」「弁護人の言うことを聞いていると後悔する」等の言動があったと接見において被疑者から聞きました。

捜査内容の記録

捜査機関に対して苦情申入れをするためには、被疑者がどういった内容の取調べを受けたのかについてできるだけ正確に把握する必要があります。

そのためにはあらかじめ、被疑者に対して記録の方法を伝えておくことになります。被疑者ノートを差し入れるほか、記録しやすいように他のノートを差し入れることもあります。

しかし、単に差し入れただけでは足りず、具体的にどのようなことを書いてほしいかを伝えます。

どのような文言で言われたのか等、書面での苦情申入れをする際に具体的な文言があるかによって内容の迫真性に差が出てきます。

今回の被疑者は、初めての逮捕勾留であり、精神的にもかなり不安定になっていましたので、何かあったらすぐに私が対応すること、少しでも不当だと思った場合は接見要請を出してほしい旨を伝えておきました。

苦情申入れ方法

もし接見後にも取調べが予定されている場合は、迅速性が求められますので、警察署受付で担当の司法警察員と話がしたい旨を伝えて、呼び出します。その際は、担当の司法警察員の氏名を後で提出する書面に記載することになりますので最初に聞き出してメモをとりましょう。

場合によっては、取扱警察署と留置先警察署が異なる場合があります。その際は、まずは電話で苦情申入れをすることになります。その際も、後日正式に書面にて苦情を申し入れることを伝えることになります。

他の手段として、公安委員会への苦情申入れもありましたが、後述の検察官への苦情申入れをしたことにより改善されたので今回はしませんでした。もっとも、司法警察員に直接苦情申入れをする際に、公安委員会への苦情申入れも検討している旨を伝えておくことはプレッシャーになり得たので言うべきであったかと思いました。

検察官への苦情申入れ

検察官に対しては、司法警察員による不当な取調べが行われたことを周知させるために、電話をしたうえで書面を送ることになります。

迅速に送るために、まずはFAXを送ったうえで、さらに記録を残すために内容証明郵便で送るのがよいでしょう。

本件の結果

本件は、取調べにおいては基本的には黙秘をし、供述調書にも署名押印をさせませんでした。その代わりに被疑者から聞き取った事情を意見書として、勾留10日目、処分日2日前に提出しました。

その結果として、起訴罪名は強盗傷人罪から、傷害罪・恐喝罪になり、その後に示談も成立し、執行猶予付きの判決となりました。

体験談4

黙秘に油断は禁物

弁護士4年目　女性

裁判員裁判対象事件は黙秘が原則

強盗殺人の事案です。

被疑者は、日中の時間を狙って、空き巣を繰り返していました。いつものように空き巣に入り部屋の中を物色していると、被害者が帰宅しました。逃げ場を失った被疑者は、持っていた包丁で騒がないようにと被害者を脅しました。そのうえで、被害者を縛って逃げようとしましたが、緊縛をほどいて声を上げたことから、被疑者は動転し、包丁で刺し殺してしまいました。

本件は強盗殺人という重大事案で、被害者の遺体は即日発見されましたが、被疑者の逮捕はしばらく経ってからだったので、連日、憶測を含んだニュースやワイドショーが繰り広げられていました。

逮捕直後に接見した私は、被害者を殺害したことは間違いないとの告白を受けましたが（捜査機関には否認していました）、被疑者は今まで逮捕されたこともなく、かなり動揺していました。大きく報道され、事案として起訴されることがほぼ確実で、裁判員裁判対象事件でもあることから、黙秘以外の選択はありません。私は、黙秘権を丁寧に説明し、完全黙秘を指示しました。

捜査機関には完全黙秘。しかし……

被疑者は完全黙秘を貫きました。

本件では、強盗殺人以外に、別の被害者に対する強盗致傷についても取調べがありましたが、やはり完全黙秘を貫きました。もっとも、被疑者は、強盗致傷については全く心当たりがありません。犯人性が争点となりましたが、被疑者を犯人と結びつける証拠に乏しい状況でした。弁護側としては、被疑者が完全黙秘をしていたこともあって、強盗致傷については無罪をとれるだろうと考えていました。

しかし、起訴後の公判前整理手続で証拠整理をしている中、被告人の同房者の供述調書が請求されました。その同房者は、被告人から強盗致傷について犯行告白を受けたなどと供述しているのです。

被告人に確認すると、確かに同人に対して話はしたが、犯行告白は絶対にしていないというものでした。

そこで、同房者の調書について不同意意見を述べるとともに、捜査機関が自白を得ようと差し向けた可能性が高いとして違法収集証拠の主張をしました。

しかし、同房者と捜査機関はグルになっているわけですから、捜査機関から同房者に働きかけたという証拠が出てくることはなく、結局、公判では証人尋問が実施され、犯人性を認定する証拠の１つとされてしまいました。

同房者の供述が採用されてしまったことには不満が残るところですが、そもそも同房者に何も話さなければよかったのです。捜査期間中、弁護人としても取調べに対する黙秘継続に腐心していましたが、まさか同房者に対して事件について話をしているとは思いもよりませんでした。同房者を利用した（そう信じてます）捜査機関に裏をかかれてしまいました。

本件以来、黙秘を指示する際には、捜査機関は当然として、他の何人に対しても事件の話をしないようにあえて注意をしています。

警察による報道機関の恣意的利用はおかしい

本件とは違いますが、世間の注目を浴びる事件だと被疑者の供述内容が報道されることがよくあります。

しかし、これは大問題です。捜査機関は、取調べで得た供述から、都合のよい部分だけを報道させているのです。世間（将来的には裁判員となる者を含めて）の誤認を招くもので許されないと思います。逮捕直後の認否でさえも、捜査機関の都合で明らかにしたりしなかったりすることがよくあります。

黙秘に自信がない被疑者に、供述内容が報道されていることを伝えると、捜査機関への不信感を募らせ、黙秘に自信がもてることもあります。被疑者もまさか取調べ内容が報道されるとは思っていませんし、警察と報道機関による横暴です。

被疑者がなぜ報道機関に話を漏らすんだと抗議しても、担当刑事はそんなことしていないし、したこともない。警察がするわけないじゃないか、弁護人が漏らしているんだろう、などと平気で言ってきます。

黙秘に限ります。

ワンポイントアドバイス

罪を認めていても、
直ちに自白すべきことにはならない

余罪が複数あって追起訴が続きかねない事案では、被疑者が全面的に罪を認めていても、直ちに全面自白をすべきことにはなりません。被疑者・被告人が取調べに晒され続ける事態を避けるために、黙秘や、公訴提起後の保釈申請などで捜査機関を牽制し、交渉するべき場合があります。

被疑者が黙秘し続けることは難しい

黙秘権を行使することは難しい。これは、繰り返し強調すべきことです。ベテランの先生方が連日接見に行き黙秘を維持していたところ、たった１日接見に行かなかっただけで被疑者が堰を切ったように供述してしまった、というエピソードはよく聞きます。ですから、弁護人は、安易に「被疑者に黙秘権を告げたからもう大丈夫。しばらく接見に行かなくてよいだろう」などと考えてはなりません。もちろん、連日接見はかなりの負担を伴うでしょう。だからこそ、裁判員裁判対象事件では積極的に複数選任の申入れをして、弁護人同士で協力して接見に行きましょう。そして、被疑者を孤独から救い信頼関係を築くのです。また、被疑者に黙秘をするよう勧めるのみならず、被疑者に孤独な戦いを強いないためにも、弁護人から警察官・検察官に対し、「弁護人が被疑者に黙秘をするよう勧めている」と伝えることも大切です。

実際に苦情申入れをしなくとも、その旨を検討していることを伝えるだけでもプレッシャーになり得ます。効果的に使いましょう。

黙秘は捜査機関との攻防戦

世間的に注目されるような重大事案では、被疑者の供述を得ようと捜査機関も必死です。

黙秘は捜査機関との熾烈な攻防戦であることを肝に銘じることが必要です。

Method

11 終局処分

▶ 検察官とのコミュニケーション

――捜査段階における弁護活動の結果は、検察官による終局処分によって明らかとなる。そこで、どのような終局処分を目標として弁護活動を行うかを強く意識する必要がある。また、終局処分を確認しなければ、不起訴処分を得られていたとしても、依頼者を安心させることはできない。速やかに検察官に確認する必要がある。

終局処分の種類

検察官は、必要な捜査を全て終えた後に、被疑者の性格、年齢及び境遇、犯罪の軽重及び情状並びに犯罪後の情況を考慮して（刑事訴訟法248条）、被疑者に対する終局処分を決めます。

終局処分は、大きく3種類に分けられます。不起訴処分、略式命令の請求（刑事訴訟法461条以下）、公判請求の3つです。

弁護人としては、できる限り被疑者に有利な終局処分を得られるように、具体的な目標を定めて、捜査段階における弁護活動を行う必要があります。

例えば、不起訴処分には、起訴猶予や嫌疑不十分等、20の異なる理由が定められています（事件事務規程75条）。嫌疑不十分を目指す弁護活動と、起訴猶予を目指す弁護活動には大きな違いがあるはずですから、不起訴処分を目指すというだけではなく、どのような理由によって不起訴処分を得ることを目標とするのかまで検討する必要がありますし、公判請求が不可避のように思える事案であっても、即決裁判手続（刑事訴訟法350条の16）によることが可能かどうかについて検討しなくてはなりません。

弁護人による意見書の提出の要否

目標とする終局処分及び弁護方針を定め、弁護活動を行った後、検察官が終局処分を決める前に、弁護人として意見書を検察官に提出することができます。

例えば、被害者と示談を成立させたことで、起訴猶予を得ようとする場合には、示談書や領収証の写しを検察官に提出すると同時に、被疑者の反省の情や更生環境が整備されていること等を記載した意見書を提出することは、起訴猶予を得るにあたって有益な弁護活動といえます。

一方で、被疑事実を否認しているような場合に、嫌疑不十分等による不起訴処分を目標とした弁護活動を行うにあたっては、意見書の提出が不可欠というわけではありません。むしろ、意見書の提出を控えるべき事案も存在します。

例えば、捜査機関による取調べに対して黙秘をしている事案において、被疑者の供述を前提とする意見書を提出することは、黙秘をした意味を損なわせることになりますし、黙秘をしていない事案においても、弁護人の意見書を提出することによって、捜査機関に対して弁護側の手のうちを明かすことになります。

逆に、故意等の主観的要件を欠くことや、正当防衛等の違法性阻却事由が存在することを理由に不起訴処分を目指す場合、弁護側から当該主張を行わないと、検察官がそれらの事情を認識できない場合があり得ますから、そのような事案においては、弁護側の意見書を提出すべき場合が多いように思われます。

以上のように、弁護人による意見書の提出は必ずしも必要なわけではありません。意見書を提出する場合には、どのような目的のもとで、検察官に対して何を伝えたいのかという点を十分に吟味する必要があるでしょう。

終局処分の確認

被疑者が勾留されている事件においては、通常の場合、勾留満期日に終局処分が行われます。一方で、担当検察官は、終局処分についての決裁を得る必要がありますので、満期日の前日までには終局処分の内容を事実上決めているのが通例です。

終局処分が公判請求の場合には、早急に保釈請求等の準備が必要となりますし、在庁略式方式（略式命令の請求がなされた当日に、罰金を納付する方式）によって略式命令の請求が行われる場合には、納めるべき罰金額についての準備も求められます。遅くとも前日までには検察官に電話する等して、終局処分の内容について確認するべきでしょう。

なお、身柄事件について被疑者を不起訴処分とする場合、勾留満期日には処分保留として釈放し、後日、不起訴処分とされる場合が多いです。したがって、釈放されてから数日後に、検察官に対して不起訴処分となったことについて確認する必要があります。

一方で、被疑者が勾留されていない在宅事件においては、終局処分のタイミングの予想が困難です。ですから、定期的に検察官と連絡をとり、終局処分について確認する必要があります。

多くの事案においては、検察官による取調べが行われた後や、弁護人の最終的な意見書が提出された後は、比較的間を空けずに終局処分が決められることが多いものといえます。

処分結果を確認する書面

被疑者が公判請求された場合には、起訴状が被疑者に送達されます。被疑事実と公訴事実は必ずしも一致するわけではありませんから、公判段階における弁護方針を定めるためにも、弁護人としては早急に起訴状を確認する必要があるでしょう。

在宅事件で略式命令の請求がなされた場合において、裁判所が略式命令によって罰金を科すこととしたときは、罪となるべき事実や罰金額等が記載された書面が郵送されることになります。

一方で、不起訴処分となった場合には、何もしなければ当該処分について書面で告知されることはありません。

しかしながら、被疑者が逮捕・勾留されているような事案においては、被疑者の勤務先から、不起訴処分となったことの証明を求められる場合もあります。このような場合、検察官に対して請求することで、不起訴処分となったことを証する書面として、不起訴処分告知書という書面をもらうことができます（刑事訴訟法259条）。

この書面は請求しなければもらえませんから、そのような書面が必要かどうかについて、被疑者の意向を確認しておく必要があるでしょう。

体験談 1

共犯事件における示談と終局処分

弁護士８年目　女性

外資系法律事務所からの電話

ある日、外資系法律事務所の弁護士から私の所属事務所宛に電話がかかってきました。「カナダ人のクライアントから、日本に旅行している息子が逮捕されたと連絡を受けた。私は外国法事務弁護士であるため、代わりにその息子の刑事弁護を担当してくれないか」。私は、前に同じ弁護士の紹介で、外国人の刑事事件を担当し、無事解決したことがあったため、そのときのことを覚えてくれていたようでした。

早速私は、上記弁護士から聞いた警察署に接見に行きました。初回接見で被疑者（以下「A さん」）から聞いた話によると、一緒に旅行していた友人と２人で明け方まで飲酒をし、泥酔して歩いていたところ、通行人とけんかになり、友人と２人で通行人を殴ってしまい、傷害罪で現行犯逮捕されたということでした。なお、出身国（カナダ）及び日本における前科・前歴はないとのことです。私は、弁護人選任届に署名をもらい、弁護人に就任しました。

共犯者同士の供述が食い違う場合の弁護方針

A さんは、一時旅行者で日本に住所がなく、日本において頼れる身元引受人もいなかったため、私は勾留を解くことは難しいと考えました。他方で、A さんが容疑を認めていること、被害者の怪我の程度（検察官に確認したところ全治３週間程度。現行犯逮捕事案の場合、逮捕時点の被疑事実には治療期間が記載されていない場合があるため、検察官への確認が必要です）及びＡさんに前科・前歴がないこと等を踏まえると、勾留満期までに示談が成立すれば、不起訴になって早期釈放となる余地も十分にあると考えました。そこで、私は早期の示談成立による不起訴処分・釈放を弁護活動の目標とすることにしました。

なお、Ａさんからは、友人の弁護人にも就任してもらえないかと頼まれたため、私は共犯者とされていた友人にも「弁護人となろうとする者」（刑事訴訟法39条１項）として接見し、すでにＡさんの弁護人に就任していること及び利益相反で受任できない可能性があることを伝えたうえで話を聞きました。すると、友人は記憶がないとして、容疑を否認していることがわかりました。そこで、私は、Ａさんに対し、（口裏合わせをしたとの疑いをなるべく避けるために）友人の供述内容の詳細は伝えずに、単に友人が容疑を否認しており、利益相反があるために受任はできなかったと伝えました。その後、友人は別の弁護人を選任したようでした。

共犯事件の場合、共犯者の弁護人同士で連携をとって示談交渉を行うこともあります。しかし、本件では、友人が否認していたことを踏まえ、私はＡさんのみで被害者との示談交渉に着手することにしました。なお、海外送金は着金に時間を要する場合があるため、カナダにいる両親には初回接見の後に早めに示談の可能性を伝え、示談金原資を預かっていました。

共犯者のうち一方当事者のみによる被害者との示談交渉

示談交渉は、少々難航しましたが、何回か被害者と話をして、最終的に、Ａさんとの間でのみ示談をすることに応じていただけました。なお、被害者からは、話の中で、Ａさんの友人の弁護人からも示談の申入れがあったが、誠意のない対応であったため立腹していると聞いていました（友人は途中から容疑を認めたようでした）。そこで、私は、勾留満期までに共犯者の弁護人と連携をとって全体としての示談をすることは難しいと考え、A さんのみで示談締結を行うことにしました。そして、示談書には、A さんのみとの間での清算であることを明記し、宥恕文言の対象も A さんのみとしました（本件は該当しませんが、親告罪の告訴の場合は告訴の不可分（刑事訴訟法 238 条 1 項）があるため、告訴の取下げを示談の内容とする場合は留意が必要です）。

なお、参考までに、判例は、共同不法行為者同士は、不真正連帯債務者の関係にあると解しており、弁済及びこれと同視すべき事由は絶対的効力事由、その他の事由（免除等）は相対的効力事由としています（中田裕康著『債権総論〈第三版〉』岩波書店（2013 年）465-466 頁。不真正連帯債務者に対する免除の相対効については最一小判平成 10 年 9 月 10 日民集 52 巻 6 号 1494 頁〔28032717〕も参照）。

終局処分

私は、上記の示談書を添付して、担当検察官に対し、不起訴処分を求める意見書を提出しました。電話で担当検察官と話した際、「一方の被疑者にのみ有利な処分はできない」という趣旨のことを言われたため、やや不安でしたが、結果的に A さんは不起訴処分となって釈放され、無事に帰国することができました。なお、後で聞いたところ、共犯者とされた友人も、（勾留満期までに示談はできなかったものの）A さんと同時に不起訴処分となり、釈放されたようでした。

示談ができなかった共犯者の友人も不起訴処分となった理由は、推測となりますが、A さんの示談により相応の被害弁償がなされたこと（上記のとおり弁済は絶対的効力事由です）、及び A さんの処分との均衡が考慮されたものと思われます。

体験談 2

即決裁判手続における弁護人の同意

弁護士８年目　男性

検察官からの突然の電話

まだ、私が１年目の弁護士だった時のことです。大麻取締法違反の被疑者の弁護人として選任されました。

初めての薬物事件でしたので、ボス弁に話を聞いたり、書籍を読むなどしながら弁護方針を定めました。

前科前歴がない場合、単純な大麻所持事案であれば、起訴猶予処分があり得るということはわかったのですが、複数回吸引できる量を所持していたので、終局処分は公判請求だろうと予想していました。

ですから、勾留満期日が近づいてきた頃には、保釈請求や保釈が認められた後の環境調整等、公判に向けた準備ばかりしており、検察官による終局処分については、深く考えていませんでした。

そんなとき、検察官から突然電話がありました。

「即決裁判手続に付します。弁護人の同意書をお送りください」

当時の私は、弁護人の同意といえば、検察官請求証拠についての証拠意見しか頭にありませんでしたので、その場では適当に取り繕っていたのですが、経験がないことはすぐに露見してしまったようで、検察官から書面の雛形を送ってもらえることになりました。

即決裁判手続の内容

即決裁判手続の存在について、完全に失念していた私は、急いで警察署に向かい被疑者の意向を確認しました。

即決裁判手続は、刑事訴訟法350条の16で定められた手続で、明白かつ軽微な事案で、証拠調べが速やかに終わると見込まれるような事案において、検察官が申し立てるものです。

この手続による場合、原則として、起訴された日から14日以内に第1回公判期日が定められることになりますし（刑事訴訟規則222条の18）、即日判決が言い渡されることになります（刑事訴訟法350条の28）。ですから、通常の場合と比較して、かなり早く手続を終えることができます。

また、即決裁判手続においては、裁判所は必ず執行猶予を付さなければなりません（同法350条の29）。

一方で、即決裁判手続による場合、事実誤認を理由とする控訴ができなくなりますから（同法403条の2）、被疑者に確認することなく弁護人が勝手に同意をすることはできません。

被疑者は、私が新人であることはわかっていましたので、即決裁判手続の存在を失念していたことも気づかれていたように思いますが、私の説明をしっかりと聞いてくれ、即決裁判手続によることに同意をすることになりました。

検察官への働きかけ

即決裁判手続への同意が問題となるような場合、即決裁判手続によらなくても、保釈の許可や執行猶予付きの判決を得られる可能性が高い事案が多いと思います。

しかしながら、被疑者・被告人は、刑事裁判について慣れているわけではありません。刑務所で服役しなければならない可能性が低いことについて頭では理解していても、裁判が終わるまでは精神的に落ち着かず、ほかのことに手がつけられない状況にあります。

ですから、即決裁判手続については、被疑者・被告人が迅速に再スタートを切ることができるように、弁護人としても積極的に活用することを検討するべきです。私も、この事件以降、即決裁判手続の存在を失念したことはありません。

一方で、検察官が即決裁判手続の利用に前向きかというと、必ずしもそういうわけではありません。

ですので、起訴猶予処分等の終局処分が見込めない場合で、即決裁判に適する事案だと判断した場合には、被疑者と相談のうえ、検察官からの打診を待つことなく、早い段階で、被疑者及び弁護人の同意書を提出し、即決裁判手続の利用を打診するようにしています。

被疑者の同意書については、検察庁において作成し直しているようですが、弁護人が即決裁判手続の利用に積極的であることを示すことで、通常の手続による公判請求を回避できる場合もあり得ますから、弁護人からも提出するようにしています。

ワンポイントアドバイス

検察官とのコミュニケーションは密に

検察官は被害回復の十分性や共犯者間の処分の均衡を考慮します。そのため、共犯事件の示談交渉では、一部の被疑者のみで示談交渉に踏み切らざるを得ない場合もありますが、その場合は、担当検事に方針を伝え、事前に感触を確認しておくとよいでしょう。

また、通常の公判手続による場合と比較すると、即決裁判手続による公判は、被告人への負担を著しく小さくすることができます。弁護人としては、この制度が存在することを常に頭の片隅に入れつつ、検察官と渡り合うべきでしょう。

Method
12
起訴後の公判準備

▸ 備えあれば憂いなし

――起訴により、捜査弁護から公判弁護へとステップが移行する。公判弁護は、捜査弁護とは異なり、開示証拠をもとに、公判に向けて具体的な準備をしていくことになる。起訴から第1回公判までは、時間があるようで実際にはあまり時間がない。特に起訴後の初動で後れをとると、公判直前にバタバタすることになってしまう。

起訴された場合にまず、弁護人として何をしなければならないのかを把握し、大切な時間を無駄にしないようにしたい。

起訴確認

起訴が予想される場合には、検察官に電話で処分結果を確認します。起訴か不起訴か決まった段階で、弁護人に結果を教えてくれますが、否認事件の場合、勾留満期日の夕方まで結果を教えてくれないことも多いです。事前に保釈請求書を準備しておき、起訴されたらすぐに保釈請求書を裁判所に提出するのが基本です。

私選の起訴状は被告人から入手！

起訴された場合、勾留状の被疑事実との同一性などを確認する必要があるので、早期に起訴状を入手する必要があります。国選の場合には、法テラス提出用の起訴状が裁判所から入手できるので、裁判所にとりに行けばよいのですが、私選の場合には、被告人から直接入手する必要があります。被告人が勾留されている場合には、被告人に接見して入手する（宅下げ）必要がありますが、起訴状が被告人のもとに届くのは、起訴から数日経ってからのことが多いようです。

主任弁護人届の提出

捜査段階で弁護人が複数選任されている場合には、そのうち１人を主任弁護人として届ける必要があります。裁判所から提出を求められるので、それに従って提出すれば大丈夫です。必須ではありませんが、副主任弁護人を指定して届け出ることもできます（刑事訴訟規則23条）。

打合せ期日等の申入れ

否認事件など事案が複雑で公判前整理手続に付するのが相当と思われる事件や、責任能力を争っていて鑑定請求をする予定がある事件などの場合、第１回公判期日でいきなりその旨を主張しても、遅すぎる場合があります。そのような場合には、起訴後なるべく早い段階で、裁判所書記官に電話をして、鑑定請求をする予定があるなどの事情を説明しておく必要があります。そのようにしておけば、裁判体にもよりますが、裁判官から連絡が来て事情を説明したり、書記官から打合せ期日の日程調整の打診が来ます。

記録の検討、任意開示請求、証拠意見の検討

起訴されると、検察官は証拠調べ請求証拠の開示準備に取りかかります。謄写申請をしておけば、起訴から2週間程度で、検察官請求証拠が手元に届きます。

しかし、検察官の手元にある証拠はこれだけではありません。検察官請求証拠以外の証拠を入手するために、任意開示請求を行います。類型証拠開示をするイメージで、捜査機関が持っているであろう証拠を予想し、書面で請求します。証拠の量にもよりますが、請求から1週間程度で、任意開示証拠が手元に届くことが多いです。

開示された任意開示証拠も確認したうえで、弁護側の方針を固めます。検察官請求証拠に対する証拠意見についても決めておき、弁護側請求証拠（弁号証）も準備しておきます。

期日1週間前までに準備を完了させておく

期日の1週間前には、検察官に証拠意見を伝えると同時に、弁号証の写しを開示します。そして、裁判所に対しても公判の進行について事前に連絡しておきます。東京の場合、部にもよりますが、あらかじめ進行予定に関する書類が届くので、その書類に認否の予定や証拠意見等を記入して、裁判所にFAXします。

体験談 1

公判前整理手続の「請求権」

弁護士 5 年目　男性

否認事件には公判前整理手続が有用

2016 年の刑事訴訟法改正により、「裁判所は、充実した公判の審理を継続的、計画的かつ迅速に行うため必要があると認めるときは、検察官、被告人若しくは弁護人の請求により又は職権で、第 1 回公判期日前に、決定で、事件の争点及び証拠を整理するための公判準備として、事件を公判前整理手続に付することができる」（刑事訴訟法 316 条の 2 第 1 項）として、弁護人を含む当事者に対する公判前整理手続の請求権が付与されました。

それまでは、裁判員裁判対象事件を除いて、公判前整理手続に付されたのは、裁判所が認めた一部の事件にとどまりましたので、請求権になったことは弁護人の武器が 1 つ増えたことになります。

公判前整理手続では、検察官の手持ち証拠一覧表の交付が受けられるほか（同法 316 条の 14 第 2 項）、類型証拠の開示（同法 316 条の 15 第 1 項）や主張関連証拠の開示（同法 316 条の 20 第 1 項）が受けられるなど、弁護活動にとって大きなメリットがあります。

したがって、否認事件においては、被害者供述や目撃者供述の信用性が問題となるような事案に限らず、被告人の主観が問題となるような事案であっても、積極的に公判前整理手続の請求をすべきです。

公判前整理手続にしなかったことでかえって審理が長期化した例

しかし、検察官も裁判所も、必ずしも公判前整理手続に付すことに積極的とはいえません。裁判員裁判対象事件では、公判前整理手続が必要的となっているところ（裁判員の参加する刑事裁判に関する法律49条）、公判までの期間が長期化したり、検察官にとっては証拠開示の手間が大きかったりと、手続が重たいとの印象が根強くあると思います。

弁護人が、公判前整理手続の請求をしても、検察官が「幅広く柔軟に証拠開示しますから」などと言い、裁判所も、「検察官がそのように言っているのでひとまず広く任意開示してもらって通常の手続で進めましょう」みたいなことを言ってくることがあります。

ある覚せい剤の自己使用の否認事案でもそのようなやり取りがありました。

「被告人の尿から覚せい剤反応が出た」という事実自体が誤っているという主張のもと、尿の採取、保管、鑑定の全過程を争うことにしました。そのため、尿の採取、保管、鑑定にかかる全ての証拠の開示を求め、検察官も任意開示という形で証拠開示に応じましたが、なんだか証拠が足りません。鑑定書の元データが足りないのです。開示された元データの表には「4回目」の検査を示す表示がありました。しかし、1回目から3回目のデータの開示がないため、検察官に問い合わせたところ、「科捜研にもすでに残っておらず証拠として存在しない」との回答でした。

そんなことあるのか？という疑問をもちながら、尿の鑑定をした科捜研職員を尋問したところ、なんと1回目から3回目のデータも残っていると言うのです。そのほかにも、やはり不存在として開示されていなかった標準品のデータ（検査した尿が覚せい剤であると同定するためのデータ）も存在すると言いました。検察官から提供を求められなかったのかとの質問に対しては、求められなかった、との回答。検察官は尋問中頭を抱えていました。

その尋問後、裁判官は検察官を厳しく叱責し、あらためて弁護人から期日間整理手続を請求して、同手続に付されました。結局、証拠開示をやり直し、また、証人尋問をやり直しましたので、期日間整理に付されるまでの数か月間の審理はほぼ無駄になりました（もっともなかなか認められなかった保釈は認められました)。

体験談２

公判準備のタイミング

弁護士９年目　女性

起訴されてから準備を始めるのでは間に合わない？！

公判弁護の経験が少なかった時、起訴後の弁護活動は行き当たりばったりになってしまうことがありました。

１回結審を目指す場合、その１か月の間にやるべきことは多く、とても準備が間に合わないと感じていました。第１回公判期日は、通常、起訴後約１か月後の日で指定されます。例えば、検察官請求証拠の検討、証拠開示請求、ケースセオリーの構築、弁護側の書証の準備や証人との打合せ、証拠意見や弁論の検討等々……身柄事件であれば、これらを接見をしながらこなさなければなりません。

当時、検察官請求証拠を頼りに公判の準備を進めていたのですが、時間的に万全の準備をするのには厳しいものがあると感じていました。検察官請求証拠は、起訴後おおよそ２週間で弁護人に開示され、実際に、謄写記録が手元に届くのは、その数日後になります。裁判所や検察官からは、第１回公判期日の１週間前までには、公訴事実を争うのか否か、証拠意見はどうなるのか等を教えてほしいと催促されます。結局、私たちが検察官請求証拠の検討をすることができる期間は、1回結審を目指す場合、1週間程度になってしまいます。

公判の進行ばかりを気にして、ケースセオリーの構築を疎かにしたくないですし、他方で、被告人が身柄の拘束を受け続けているのであれば、早く審理を進めたい思いもあります。短い時間で完璧に準備をこなすのはなかなか難しいと思っていました。

初回接見時から、公判準備を！

ある研修に行った際に、初回接見時から被告人質問の練習は始まっていると学んだことがありました。これまでは、証拠も見ないうちに、公判の準備なんてできるわけないと思っていたので、驚きました。

重要な点は、初回接見は、なるべくオープンクエスチョンで広く事実を聞き取ることです。後から、「そんなこと聞いてないよ！」とならないようにするためです。その後、何度か接見を重ねる中で、初回接見で聞いたことをもとに、何を聞いて何を聞かないかを検討していくことで、ケースセオリーの構築ができ、被告人質問の原型が作られていきます。保全しなければならない証拠の有無にも早期に気づくことができます。

もちろん、検察官請求証拠等の開示を受けた後に、ケースセオリーを修正しなければならないことはあります。しかし、初回接見時から、公判を意識する姿勢があれば、弁護人にとっても、被告人にとっても、その修正の負担が軽くなることが多いです。証拠意見の検討等の準備もずいぶんと楽になることに気づきました。準備にゆとりができることで、公判の弁護活動も以前と比べてよいものになったと思います。

ワンポイントアドバイス

積極的な公判前整理手続の活用を

公判前整理手続は弁護人にとって有効な武器であり、特に否認事件においては、被告人の利益のために、積極的に公判前整理手続を求めることが必要です。「まずは任意で……」などと言いくるめようとする裁判所や検察官には、審理の迅速化のためにこそ公判前整理手続が必要であることを、説得的に主張しましょう。裁判員裁判対象事件以外の事件では、証拠の点数が少ないことも珍しくありません。検察官において証拠一覧表の作成をすることは、裁判員裁判の場合よりも負担は少ないはずです。効率的に公判前整理手続を進めることが、被告人にとっても、法曹三者にとっても有意義なのです。

被告人の供述が一番の証拠

公判段階は時間がタイトです。その中で、弁護人が、やらなければならない仕事は多岐にわたります。初回接見時から、ケースセオリーの構築を意識して聴取をしていくことが重要です。

Method

13

公判（認否、証拠意見）

▸ 手続の流れを俯瞰せよ

――公判手続は、早ければ１回で結審し、即日判決に至ることもある。

他方、公判期日当日に予期せぬ事態が発生することもある。

公判手続は、被告人の今後が決まる重要な手続である。いかなる状況にも慌てず対応できるよう、公判手続の流れを把握するとともに、公判に向けた事前準備を怠らないことが重要である。

起訴状の確認

被告人が起訴された場合、直ちに起訴状を入手する必要があります。被告人には、起訴状が送達されます（刑事訴訟法271条１項）ので、被告人から起訴状の交付を受けます。なお、国選事件の場合には、国選弁護人に選任される際に、法テラスなどからコピーの交付を受けることができます。

起訴状を入手したら、まずは、起訴状に記載されている公訴事実、罪名及び罰条を確認します。そして、被告人に、起訴状記載の事実関係について確認を行います。被疑者段階から弁護人として活動しており、大体の事実関係を把握していても、起訴状では細かい点等が異なっている場合もありますので、必ず、被告人に確認してください。

被告人が、起訴状記載の事実が間違っているという場合は、どこがどのように違うのかを細かく確認しなければなりません。そのうえで、弁護人としては、被告人が何を否認しているのかを法律的に構成する必要があります。

記録の閲覧・謄写

検察官開示記録は、検察官による立証の根拠となるものです。弁護人としては、否認事件、自白事件にかかわらず、十分に精査しなければなりませんので、基本的に全て謄写すべきです。

記録は、公判期日の２週間以上前に開示されることが多いですが、開示が遅れることもあり、また、五月雨式に開示されることもありますので、場合によっては検察官に確認することも必要です。

方針決定

記録の閲覧・謄写ができたら、内容を検討し、被告人と打合せをします。

公訴事実に対する意見、証拠意見、弁護人立証等について、被告人と話し合って、方針を決定していきます。

また、弁護人立証のための証拠収集、証人との打合せなどもこの間に行います。

さらに、公判期日当日の流れを被告人に説明することも必要です。被告人は、いつ、何を話せばよいのかわからないことも多いため被告人に対し、手続の流れを説明するとともに、どの段階で何を聞かれるか等をあらかじめ伝えておくと、安心できると思います。

検察官との打合せ

弁護人は、検察官と、第1回公判期日までに、事件の争点を明らかにするため打合せを行う必要があり、検察官が開示した証拠について意見の見込みを伝える必要があります（刑事訴訟規則178条の6第2項2号、3項1号）。

したがって、認否や証拠意見の見込みなどについては、あらかじめ検察官に電話やFAXで連絡しておきます。

また、弁護人の請求予定証拠がある場合には、証拠についてはあらかじめ検察官に開示し、証人等についてはその氏名、住所を知らせておく必要があります（刑事訴訟規則178条の6第2項3号、178条の7）。これについては、事前にFAXで行うことが多いです。

裁判所との打合せ

被告人が起訴されると、裁判所から、第1回公判期日の調整の連絡があります。

おおむね、起訴されてから、1か月前後の日程が候補日になることが多いように思います。期日調整の連絡が来る段階では、記録の閲覧ができていないことが多いので、準備期間を考え、無理のない日程とすることが大切です。

また、第1回公判期日前に、裁判所から、公訴事実に対する認否、検察官請求証拠についての意見、弁護人請求証拠などについて問い合わせがあるため、予定を回答することが多いです。裁判所からは、あらかじめ回答用のFAXが渡される場合や、電話で問い合わせがある場合などがあります。

罪状認否

自白事件の場合、通常は、被告人が、事実について間違いない旨を述べ、弁護人は、被告人と同意見であると述べます。

否認事件の場合、起訴状記載の公訴事実のうち、どの部分が異なるのかを具体的に述べます。ただし、被告人は、自分の言葉で意見を述べればよく、弁護人が、被告人の意見を整理し、法律的に構成して、意見を述べることが必要です。複雑である場合には、あらかじめ書面を準備しておくことが望ましいこともあります。

また、正当防衛や中止未遂など、「法律上犯罪の成立を妨げる理由又は刑の加重減免の理由となる事実」は判決による判断が必要なので（刑事訴訟法 335 条 2 項）、これらの主張は原則としてこの時点でしておく必要があります。

証拠意見（書証）

検察官が開示した記録を検討し、あらかじめ被告人と打合せをしておくことが必要です。

特に、否認事件の場合、被告人の主張する事実と異なる内容の書証については当然不同意にする必要がありますので、慎重な検討が必要となります。

また、自白事件の場合であっても、被告人の主張する事実と異なる内容の書証や、公訴事実の立証に関連性のない書証などが請求されている場合は多々ありますので、やはり、検討が必要となります。

被告人の供述調書については、不同意にする場合、任意性を争う趣旨か信用性を争う趣旨かを明確にする必要があります。信用性を争うにすぎない場合には、刑事訴訟法 322 条で採用されてしまいますので注意が必要です。

なお、書証を不同意とすると、検察官が証人の請求をすることも多いため、その点も踏まえて証拠意見を検討すべきです。また、一部不同意も可能ですが、その場合、検察官は不同意部分をマスキングして提出することが多いため、公判期日前に、検察官に対し、あらかじめ不同意部分について書面で提示しておくことも大切です。不同意や、一部不同意が多い場合には、正確性を期すため、意見書等を作成し、公判期日に裁判所に提出することが必要になります。

検察官からの証拠開示が公判期日直前、または当日となる場合もあります。その場合には、直ちに同意することは避け、証拠意見を留保とするか、不同意とすることで問題ありません。十分検討できていない状態で、安易に同意をしないよう注意すべきです。

体験談 1

公判の進め方

弁護士４年目　男性

特殊詐欺の事案

いわゆる特殊詐欺の受け子を行った被告人Ａさんの弁護人になりました。

Ａさんの役割は、指示された場所に行き、高齢の被害者から、現金またはクレジットカード類を受け取るというものでした。

Ａさんには複数の同種余罪があり、いずれも起訴されました。その中には、Ａさんが初めて受け子をしたとされる件も含まれていました。

私は、被疑者段階から弁護人に就任していましたが、Ａさんは、当初から、初めて受け子をしたとされる件については被害者から受け取ったものが現金であるとの認識がなかったとの主張をし、その他の件については全て認めていました。

罪状認否

Ａさんは、詐欺の共謀共同正犯で起訴されていましたが、共犯者は逮捕されていませんでした。また、Ａさんは、最初の１件については、荷物を受け取る仕事と説明されたし、荷物の中身が現金でないことを確認したうえで受け取ったと話していました。

そうすると、共謀と故意を否認していることになると考え、最初の１件については、詐欺の共謀と故意について否認し、その他の件については、Ａさん自身が認めていたため、全て認めることとしました。

証拠意見

Ａさんによれば、被害者から荷物を受け取る際、被害者に対し、荷物の中身が現金ではないかと確認したところ、被害者からは現金ではないとの回答があったとのことでした。

そして、被害者の供述調書も、Ａさんの供述とおおむね一致する内容でした。

つまり、Ａさんと被害者の供述がほとんど一致しており、被害者の供述はＡさんの供述を裏付けるものになっていました。

また、Ａさんの当日の行動などを裏付ける証拠も、Ａさんの主張と矛盾するものではなかったことから、結局、明らかにＡさんの主張と異なる内容の書証を除き、おおむね同意することとしました。

弁護人立証、判決

外形的事実についてはほとんど争いがなく、共犯者が不明である以上話を聞くこともできないため、弁護人側の立証としては、被告人質問のみを行いました。

結局、裁判所は、Aさんに現金の受領の認識があったという認定はしませんでした。しかし、本件の状況下で荷物を受け取ったということは、特殊詐欺の未必的な故意があったとの認定をし、Aさんは、有罪となってしまいました。

共謀や故意といった目に見えないものを立証する難しさを実感した事件でした。

体験談 2

追起訴が予定されているときの対応

弁護士 10 年目　女性

追起訴が予定される詐欺事件

弁護士1年目に詐欺事件を担当することになりました。その被疑者は、いわゆるオレオレ詐欺の受け子で余罪があります。取調べの中で、現場に残っていた指紋が被疑者のものと一致したと警察官に言われており、今後も再逮捕、追起訴が予定される状況でした。1件目は、20日の勾留を経て起訴。検察官からは今後再逮捕予定と聞いていましたが、いつになるのかわからないまま、気づけば第1回公判期日の1週間前となっていました。裁判所に進行予定を連絡しなければなりませんが、追起訴予定なので、被告人質問の準備などもしていません。

第１回公判でどのような対応をしたらよいのかわからず、先輩に聞いてみました。

証拠意見は留保せよ

すでに請求証拠・任意開示証拠の検討は終わっており、証拠意見も決めていました。証拠意見書を提出予定であることを先輩に伝えると、「追起訴分の請求証拠・任意開示証拠を見ていないのだから、証拠意見は留保した方がいい」と言われました。

入所してすぐに「証拠意見は任意開示証拠を検討してから考える」という鉄則を教えてもらっていたので、いずれ、追起訴事件についての証拠も請求されるので、追起訴事件についての証拠についても検討するまでは証拠意見を出すべきではないということは、少し考えればわかることでした。

追起訴予定なので、証拠意見は留保する旨を検察官と裁判所に伝え、第１回公判を迎えました。第１回公判前に、検察官に再逮捕のタイミングや、あと何件くらい再逮捕が続くのか聞いてみましたが、教えてくれませんでした。

再逮捕のタイミング

第１回公判では、事前に伝えていたとおり証拠意見を留保したので、審理は検察官による証拠調べ請求までで終了しました。裁判官が検察官に「追起訴予定ですね」ということを確認したタイミングで、私は「再逮捕の具体的な日程が決まっていたら明らかにしてもらいたい」と述べました。裁判官が、検察官に尋ねると、検察官はすぐに再逮捕のタイミングを述べました。裁判官の面前で検察官に聞きたいことを聞いてみると、答えてくれることが多々あります。

第２回公判期日

その後、追起訴がなされ、第２回公判期日を迎えました。

第２回公判期日の時点では、追起訴がされたばかりで、検察官請求証拠すら手元に届いていない状況でした。このように、追起訴が続くと、証拠開示のタイミングとは無関係に期日が開かれるので、今回の期日でどこまで進むのか、弁護人としてどのような準備をしておかなければならないのかを事前にきちんと検討して期日に臨む必要があります。しかし、当時の自分はよくわからず、「今回も証拠意見を留保すると言っておけば大丈夫だろう」と特に準備をせずに期日に臨んでしまいました。

裁判官から、「追起訴もないとのことなので、弁護人、次回期日はいつ頃がよろしいですか」といきなり聞かれ、焦りました。何を基準に希望日を述べればよいかわからなかったからです。

私が答えられずにいると、裁判官は「検察官、請求証拠の開示はいつ頃になりそうですか」「弁護人、請求証拠が届いてから任意開示の請求をするまでにどのくらいかかりますか」「検察官、任意開示請求があってから開示までどのくらいかかりますか」「弁護人、開示からどのくらいで証拠意見が言えますか」と助け船を出してくれました。

さらに、弁護側立証にかかる時間についても、「被告人質問にかかる時間はどのくらいですか」と聞かれました。さすがに、被告人質問にどのくらい時間がかかるのかは、追起訴分の証拠を見ないとわかりません。ですので、「追起訴分の証拠を見ないとわかりませんが、他の立証も考えると１時間枠では収まらないと思います。具体的な時間については追ってお伝えします」と伝えました。裁判官は、「仮ですが、次回期日は２時間枠で押さえておきます」とのことでした。ざっとではあるものの、被告人質問の流れについても自分の中で考えておいてよかったと思いました。

体験談 3

証拠意見を言った後の対応

弁護士９年目　男性

証拠法の復習を

女子学生に路上で抱き着いてしまった男性の事件を受任した時の話です。この事件において、依頼者の男性は、暴行罪で起訴されました。

検察官は、性犯罪に近い暴行事件であることを立証したかったようで、被告人の性的趣向に関連しそうな証拠の取調べを請求していました。例えば、アダルトサイトの閲覧履歴が添付された被告人の供述調書がありました。弁護人の目からすると、さすがにこれはこの事件とは関係なく、事実認定に悪影響を与えるのではないかと思われるものでした。当然、証拠意見は不同意にしました。当然とはいったものの、不同意意見を述べたのは初めてのことでした。

未熟だった私は、不同意意見を述べただけで、「関連性がないので取調べに異議がある」と言いそびれました。検察官からは、刑事訴訟法322条1項により証拠の取り調べを行うべきであると述べられてしまいました。裁判所から、弁護人ご意見は？　と言われ、私は、何を言ったらいいのかわからなくなってしまいました。関連性なしと言いそびれたのも、何を言ったらいいかわからなくなったのも、証拠法の実践的な理解ができていなかったせいだと反省しました。

結局、裁判所は、その被告人の供述調書の取調べ請求を却下しました。

しかし、検察官は、却下決定に対して、刑事訴訟法309条1項に基づき異議を申し立ててきました。そのときも、裁判所から、「弁護人ご意見は？」と言われ、再び私はパニックになりました。深呼吸してようやく「異議には理由がないと思料します」と言い、検察官の異議申立は棄却決定されました。

情けない話なのですが、裁判所に助けられたような形で終わり、内心救われた気持ちになりました。

公判のイメージトレーニングを忘れずに

証拠法の理解不足は、公判で格好がつかないばかりではなく、依頼者の人生を左右してしまうこともあると痛感し、心の底から反省しました。

この事件以降、私は必ず、法廷に入るところから、出るところまで公判の流れを全てイメージトレーニングして、準備不足はないか事前確認してから、臨んでいます。

証拠意見を言った後、あるいは、言われた後、どのように審理が進行するか予測することで、知識に不安があるところは事前に確認できます。さらに、審理の進行を心配する裁判官の心情を把握したうえで、より有効な証拠意見は何になるかを考案することができると思うようになりました。

ワンポイントアドバイス

争点を明確にすること

否認事件の場合、どの部分を否認するのかを明確にしなければなりません。

被告人は、法律についてはわからないので、弁護人が、被告人の言い分を理解し、法律的にどう構成できるかを検討する必要があります。

書証は慎重に吟味すること

書証について同意すると、証拠として採用され得る状態になるので、同意をする場合には注意が必要です。

特に、再現実況見分調書などは、正確性に疑問がある場合も少なくありません。

一部不同意とすることも考えられますので、何度も内容を確認し、慎重に吟味すべきです。

公判期日のイメージを！

公判期日では、毎回何かしらの進行があります。特に動きがないと思っても、もし自分が裁判官だったらどのような進行をしたいと思うかを事前に想像して対処しておくことが重要です。

なお、被告人の供述調書を不同意にしたうえで、被告人の供述調書の取調べに先行して、被告人質問を行いたい旨の証拠意見を述べることがあります。被告人の口からストーリーを裁判官に伝えることができるので、捜査機関が介在した調書よりも、弁護側のケースセオリーに即した話を伝えやすいです。その場合、検察官は、被告人の供述調書の取調べ請求を撤回することがあります。裁判所も、被告人質問終了後に被告人の供述調書の採否を決定するのですが、採用に消極的です。

Method

14 公判（尋問等）

▸ 異議あり！

――主尋問、反対尋問、被告人質問。法廷における尋問は、公判の帰すうを左右する最も重要な弁護活動の１つである。弁護側の目標とする判決を獲得するために、いかに有効な質問を繰り出し、検察官の質問に対して的確に異議を出すことができるか。大切なのは、公判前の入念な準備と、法廷における臨機応変な対応である。

何を訊くか

尋問の準備にあたっては、まず何を訊くか（尋問事項）を検討する必要があります。その際には、弁護側の「ケースセオリー」（当事者の一方が目標とする判決をすべき理由）に沿った事実を聞かなければなりません。なぜなら、事実認定者がその尋問を聞いたときに、弁護側の求める判決が正しいと納得してもらうことが目標だからです。

主尋問（主質問）においては、証人や被告人に弁護側の考える事件の物語（ケースストーリー）を語ってもらうことになります。例えば、犯人性を争う事件で弁護側に有利な目撃者がいれば、目撃証人に犯人が被告人ではないということを語ってもらうことになるでしょうし、被告人質問では、被告人に事件の際に何をしていたのかを中心に語らせることになるでしょう。

反対尋問においては、弁護側の「ケースセオリー」にとって有利な事実を認めさせる尋問（活かす尋問）と、証人の証言の信用性を疑わせるための尋問（殺す尋問）の２種類があるというのが１つの考え方です（高野隆＝河津博史編著『刑事法廷弁護技術』日本評論社（2018年）146-150頁）。

そして、主尋問と反対尋問のいずれにおいても、評価ではなく事実を聞くことを意識しましょう。主尋問では、証人や被告人に一つひとつ事実を語らせることによって初めて、事実認定者に事実の積み重ねである１つの物語を聞いてもらうことができます。証人や被告人の主観を押し付けるのではありません。反対尋問においても、評価を聞いてしまうと、証人が質問を肯定してくれなかったり、証人と論争になってしまって「意見を求め又は議論にわたる尋問」（刑事訴訟規則199条の13第２項３号）として異議が出たりする可能性があります。

どう訊くか

主尋問においては、オープンクエスチョンを用いて質問しましょう。「いつ」「なぜ」「だれが」「どこで」「何を」「どのように」という5W1Hを意識して質問すべきであり、原則として誘導尋問をしてはいけません。

その理由は、刑事訴訟規則が主尋問における誘導尋問を原則として制限している（刑事訴訟規則199条の３第３項）からだけではありません。事実認定者は、証人や被告人が自身の記憶に基づいて語った事実に対して初めて共感をしてくれるからです。弁護人がこちらに有利な答えの含まれた質問をして、証人や被告人が「はい」と答えるだけでは、事実認定者を説得することはできません。

一方で、反対尋問においては、必ず誘導尋問を用いて、証人の証言をコントロールしましょう。「活かす尋問」と「殺す尋問」のどちらを行うときでも、「……ですね」「……。そうですね」などと誘導して質問しなければなりません。なぜなら、オープンクエスチョンをしてしまうと、獲得したい証言が得られないばかりか、不利な証言をされてしまう可能性があるからです。

異議

証人尋問において、検察官が違法または不当な尋問を行った場合には、異議（刑事訴訟法309条1項）を申し立てる必要があります。証人が証言をしてしまうと、不利な情報が事実認定者に伝わってしまう可能性がありますから、証人が答える前に「異議があります」と反応し、簡潔に異議の理由を述べて有害な証言を阻止しましょう。

そのためには、証人の供述調書等を事前に検討して、あらかじめ検察官が違法・不当な質問をする可能性のあるポイントを予測しましょう。例えば、事件発生から長期間経過して証人の記憶が減退している場合や、細かい行為態様が問題になる事件の尋問においては、検察官が主尋問の際に誘導尋問を用いて証人に予定どおりの証言をさせようとすることがあります。このような場合に、検察官の質問を事前に予想することで、法廷で速やかに異議を述べて的確な異議の理由を述べやすくなります。

また、弁護人の尋問に対して、検察官が異議を出してきた場合も適切な対応をする必要があります。検察官から異議を申し立てられた後、裁判官から意見を求められますので、異議に理由がないこととその根拠を簡潔に述べましょう。

体験談1

わかりやすい反対尋問を目指して

弁護士２年目　女性

わかりやすい反対尋問

反対尋問は、誘導尋問によって行うべきとされています。それは、条文上それが許されている（刑事訴訟規則199条の4第3項）という形式的理由だけでなく、弁護側の主張を裁判官・裁判員に納得してもらうのに必要な事実だけを証人に認めさせなければならず、オープンな質問では証人の答えをコントロールすることが難しいという実質的理由もあるからです。

では、証人に「はい」と答えてもらえるような誘導尋問を繰り返すだけで、効果的な反対尋問ができるでしょうか。反対尋問では、実際に尋問を見聞きした裁判官・裁判員に、その場でこちらに有利な心証を抱いてもらわなければなりません。そのためには、弁護人の尋問と証人の答えを聞いただけで、事実認定者が自然と弁護人の求める結論と同じ心証を抱いてくれるようなわかりやすい反対尋問にする必要があるのです。

主尋問の繰り返しはしない

私が弁護士になりたての頃に反対尋問を担当した際、先輩弁護士や裁判官から、尋問がわかりにくいと指摘されたいくつかのポイントがあります。

まず、主尋問の繰り返しをしてはいけないということです。私が反対尋問を担当した際、獲得したい事実の前提となる事実から時系列に沿って質問をしたことで、裁判官から「主尋問の繰り返しはいいですから必要なことを端的に聞いてください」と指摘されたことがありました。

前提となる事実から順を追って時系列で聞くと、弁護人の質問の意図がわかりにくくなり、私が裁判官から指摘されたように主尋問を繰り返しているという印象を与えてしまいます。そのため、反対尋問では、被告人にとって有利な質問だけを重ねる必要があります。

テーマに沿った質問を重ねる

また、私が担当した、被告人が特殊詐欺グループの上の立場の人間として詐欺罪で起訴されている事件において、弁護側は被告人は末端にすぎないと主張し、同じ詐欺グループの共犯者の反対尋問を担当したことがありました。その際、「被告人は重要な役割を果たしてはいない」という主張をするために、「被告人があなたに電話のかけ子をするよう指示したわけではないですよね」という質問をして、その後は全く別の話題に移ってしまったことがありました。

このとき、傍聴してくれた先輩弁護士からは、「あなたに電話のかけ子をするよう指示したのは被告人ではなく別のＡさんですね」「電話のかけ方のマニュアルを用意したのは被告人ではなく別のＢさんですね」「あなたの報酬の金額を決めていたのは、被告人ではなく別のＣさんですよね」というように、質問をもっとたくさん積み重ねなければ事実認定者に「被告人は重要な役割を果たしてはいない」と思ってもらうことはできないという指摘を受けました。

反対尋問の際に、被告人にとって有利な事実を獲得するために、あるテーマに関する質問が１つか２つで終わってしまっては、質問の意図がわかりにくくなってしまいますので、質問をいくつか重ねる必要があるのです。

反対尋問は難しい

私が、研修や実際の法廷において、反対尋問について指摘を受けたのは、今回記載したポイントに限られません。何度反対尋問を担当しても全て思ったとおりに尋問がうまくいった経験はなく、失敗するたびに反対尋問の難しさを痛感しています。

反対尋問の技術を向上させ、事実認定者にわかりやすい反対尋問ができるようになるには、実際の法廷で何度も反対尋問の経験を積み、研修で先輩弁護士にいただいた助言を消化しながら、そのたびに課題をクリアしていく必要があるのではないでしょうか。

いつか、裁判官や裁判員に「なるほど！」と思ってもらえるような反対尋問を行って、無罪判決を獲得するその日が来るように、研鑽を続けたいと思います。

体験談 2

異議を出さなければいけない

弁護士５年目　女性

異議は出すことにしておこう

刑事に限らず、尋問では異議を出さなければいけない、必ず１回は出すものだ、と思っておくとよいと思います。これはどうか！と感じたら、即座に異議と言って立ち上がりましょう。そして、裁判長から異議事由を問われることを覚えておきましょう。

検察官もいろいろ

検察官は刑事訴訟の専門家であり、多くは弁護人よりも的確に、尋問を含む公判期日対応をするものです。

しかし、中には自分の考えが先走ってしまう検察官もいます。捜査経験の長い検事が公判を担当した場合に、その傾向が出るかもしれません。

住居侵入事案の例

ご近所に対する住居侵入事案において、被告人は侵入の事実は認めつつ、目的が金品窃取にあったとの検察官主張（公訴事実に対する求釈明の結果）を争っていました。

侵入の事実、時間等は、建物の外部の防犯ビデオで明らかでした。また、侵入直後に被害者と被告人は顔を合わせ、若干のやり取りがありました。被告人と被害者は、いわゆるご近所として、以前からお互いに顔と住まい程度は知っていました。

書証に対する対応

被害者は、侵入から数か月経過した後に住居侵入につき被害を申告し、さらにその２か月後に窃盗の被害届を出しました。もっとも、前者については被告人を犯人だとしたものの、後者については犯人はわからないとしていました。

被害者の警察官面前調書は、窃盗の犯人は被告人だろうと思っているが、窃取の瞬間を見たわけでないから断定できないという内容でした。

私は、防犯ビデオ映像に関する証拠については取調べに同意し、この調書を含む全ての被害者調書を不同意としました。

関連性なしの異議とその効果

被害者の証人尋問において、検察官は、侵入目的の立証と称して、実質的に被告人が窃盗を行ったことについての間接事実の尋問に踏み込んでいきました。

私は、尋問の実施前から窃盗罪の立証に及ばないよう牽制したうえで、尋問当日も、上記のような検察官の主尋問に対して、関連性なしの異議を出し続けました。

結局、侵入目的は窃盗をすることにあったと思う、という被害者の認識の根拠を聞く範囲で「簡単に」との制約をはめられたうえで、尋問は認められました。異議を出さなければ無制限だったでしょう。

再主尋問における誘導の異議

他方、反対尋問においては、私は、窃盗の被害申告の遅さ、それが住居侵入についての被害申告より遅れたこと、そして、被害者が被告人を窃盗の犯人と推測したことに根拠がないことを基礎づける諸事実を聞き出し、加えて、被害者自身が窃盗の犯人はわからないと被害届に書いた事実を聞き出しました。

検察官は再主尋問を申し出て、被害届において窃盗の犯人はわからないと述べた理由は何ですか、犯人は限りなく被告人だと思っているが、被告人による窃取の瞬間を見たわけでないから断定できないということではありませんか、と質問しました。

私は、すかさず、異議と言って立ち上がりました。そして、誘導だと述べました。

検察官は、先ほど弁護人が引用した調書に書いてある内容だ、と反論しましたが、私がそんな箇所を引用しなかったことは明らかです。

検察官は、反対尋問における被害者の回答内容を確認するための質問だ、と意見を述べましたが、異議は認められて、検察官は質問を変えるように指示されました。

再度の異議と顚末

検察官は、あらためて、「被害届によると、犯人はわからないとあるが、それは盗んだ瞬間を見てないからわからないという意味ですね」と発問しました。

私は、当然ながら、再度誘導の異議を出しました。油断してはいけません。

再度異議が認容され、検察官は「最終的に犯人はわかりませんと被害届に記載された理由は何ですか」と発問しました。

すると、被害者は「私は被告人のことをよく知っているわけではなかったので、そういう記載になってしまったのかもしれない」と回答しました。

これを受けて、検察官はこの点に関する発問を諦めてしまいました。

演説をする検察官

別の詐欺被告事件ではこういうことがありました。

その事件では、そもそも詐欺といえるのかが争われていました。

検察官は、被害者尋問において、被告人の行為が欺罔行為に該当し、それによって形成された被害者の認識は錯誤である、それに基づいた交付だからそれは詐欺なのだ、と滔々と説明したうえで発問をしました。その分量たるや、調書にしてまるまる１枚分以上にも及ぶものでした。

私は、もちろん、誘導ないし誤導という理由で異議を出しました。ついでに、「検察官、これは演説ですか」、とも付け加えておきました。裁判長は「誘導ですね。明らか」とのみ述べて異議認容。

被告人にとって非常に不利な状況にある事件でした。しかし、上記の

「演説」がたたったのか、次回公判においては検察官が交替していました。

体験談 3

被害者参加人受託弁護士としての尋問

弁護士 3 年目　男性

被害者参加人とは

被害者参加人には、①公判期日に出席し（刑事訴訟法 316 条の 34）、②検察官の権限行使に対する意見を述べ（同法 316 条の 35）、③証人の尋問をし（同法 316 条の 36）、④被告人に対する質問をし（同法 316 条の 37）、⑤事実または法律の適用についての意見陳述を行う（同法 316 条 38）などの権限が与えられています。

私は、とある事件において、この被害者参加人の委託を受けた弁護士（被害者参加人受託弁護士）として活動をしました。

被害者参加人受託弁護士として活動するには

被害者参加人受託弁護士として法廷で活動するには、参加が許可された事件について、委託事項を書面で申し出る必要があります。

私は当初、民事事件・刑事事件を問わず、弁護士が代理人であることを示すために一般に使用している「委任状」と同様の形式で書面を作成しようとしたのですが、よくよく調べると、普段使っている委任状形式のものでは足りないようでした。

というのは、上記申出は、弁護士と被害者とが連署した書面で行う（刑事訴訟規則 217 条の 33）とされているためです。普段の委任状では、弁護士の氏名が事務所名・住所や所属弁護士会とともに初めから浮動文字として記載されていますが、「連署」した書面でなければなりませんので、弁護士側も記名押印する必要があります。

被害者参加人受託弁護士の着座位置と活動時の注意

法廷の大きさや裁判所にもよるかと思うのですが、裁判所には検察官の横に着座位置を設けてもらい、その位置に座りました。

他の多くの弁護士と同じように、私も、被告人に対して刑事事件の手続を説明した経験はあったのですが、被害者参加人に説明をするのは初めてでした。

検察官がどんなことをするのか、また、どのタイミングで私たちの活動が行われるのかを丁寧に説明する必要があります。というのも、法律上被害者参加ができる事件は、故意の犯罪行為による死傷、性犯罪、自動車運転過失致死傷罪など、重大な犯罪に限定され（刑事訴訟法 316 条の 33 第 1 項）、被害者は刑事裁判の帰すうについて、非常に強い関心をもっていると同時に、多くの場合には、大変傷ついていて、刑事裁判が行われる時点においても、いまだその傷が癒えていないからです。

そのため、被害者からは訴訟関係人の一挙手一投足が注目されていると肝に銘じて活動する必要があります。私が参加した手続では、検察官や裁判官も、審理の際に、努めてわかりやすく話をしてくださったうえ、被害者の心情を考慮し種々の配慮を施してくれました。あまりないとは思いますが、万一、訴訟関係人の配慮が得られないような場合には、被害者参加人受託弁護士の側から事前に根回し等を行う必要がある場面も生じるかもしれません。

被害者参加人受託弁護士としての法廷活動

まず、被害者参加人受託弁護士として最初の法廷活動は、証人尋問です。ただし、気を付けなければならないのは、証人尋問を申し出る際には、あらかじめ尋問事項を検察官に対して明らかにしなければならず（刑事訴訟法316条の36第2項）、尋問事項は情状に関するものに限られる（同条1項）ものとされています。

次に、被告人質問については、あらかじめ検察官に尋問事項を明らかにすることは証人尋問と同様（同法316条の37第2項）ですが、尋問事項については、情状に関するものという限定ではなく、意見陳述（被害者参加人の論告とでもいいましょうか）のために必要な事項に限られるという限定がなされています（同条1項）。

最後に、被害者参加人は、事実または法律の適用についての意見を述べることができます（同法316条の38第1項）。この意見は、検察官の論告（同法293条）の次に行われると整理されており、本意見陳述そのものを証拠として取り扱わないものとされています（同法316条の38第4項）。

裁判所・検察官との協働

私が担当した事案では、幸いにして、裁判所・検察官が大変協力的でした。検察官とは事前によく連絡をとり合いましたし、裁判官は、判決の言渡しに際しても、情状の部分を丁寧に説明したり、説諭を用いて、被告人に反省を促す機会を与えるなど種々の協力がありました。

依頼者は、このことをとてもよく観察していて、訴訟関係人の配慮については満足してもらえたようです。

ワンポイントアドバイス

証人に「はい」と言ってもらえるか綿密な検討を

弁護人が事実認定者に尋問の意図を伝えたいと思うあまり、事実認定者に最終的にたどり着いてほしい結論からあまりに近い質問をすると、証人が警戒して「はい」と言ってくれない可能性があります。証人が「はい」と言ってくれなければ、こちらが獲得したい事実を獲得できないばかりか、裁判官や裁判員に不利な心証を抱かせる原因にもなってしまいます。

そこで、事前に反対尋問の内容を検討する際には、相弁護人などとともに、本当にその質問に対して証人が「はい」と答えてくれるのか厳密な検討を行いましょう。その際は、証人の供述調書の内容や、証人がその事件において被告人とどれだけ敵対的な関係にあるのかを参考にして考えることが有用です。

異議の意義

調書に整然とまとめられた内容が供述者の真意とは限りません。法廷で自らの言葉で証言できる内容なのかをテストするうえで、異議は必要不可欠です。

異議のタイミングを一度逃しても、次は必ず異議を出しましょう。その際、前の質問にも問題があったと付け加えておきましょう。そして、次回からは一度目のタイミングを逃さないようにしましょう。

日々、記者会見や国会質疑その他の質疑応答を見るにつけ、これは体験した事実の証言を求めるものなのか否かとか、これは誘導だ等と、証人尋問に置き換えて異議事由の有無を考えておくとよいかもしれません。

また、異議が出されないように、自分ならこう質問するというのを考えることも、異議を的確に出す素地になるかもしれません。

条文を確認すること

基本中の基本ではあるのですが、同じ類型の訴訟事件処理に慣れてくると、期日に六法を持参することをやめてしまったり、事前の書面作成にあたり、参照すべき条文を全て確認する作業を怠ってしまったりします。

しかし、事務手続や書面作成は全て条文に則っていて、あらかじめ条文を確認しておくことが、事務処理のミスをなくしたり、書面作成の際に記載すべき要素を落とさないで済む近道になります。

Method
15 公判（弁護側の主張立証）

▶ 目標を定めて獲りに行こう！

――刑事事件においては、公訴事実だけではなく量刑に関する事実についても、検察官が立証責任を負っており、検察官による立証活動の弾劾は必要不可欠である。しかしながら、それだけでは弁護側の主張は明らかにならない。刑事事件においても、弁護側の主張を証拠に基づいた形で、裁判所に対して明確に伝える必要がある。

検察官の立証が先行する

刑事裁判においては検察官が立証責任を負っていることから、検察官から主張立証を行います。証拠調手続は、検察官による冒頭陳述によって始まりますし（刑事訴訟法296条）、証拠調の請求についても、検察官から請求し、その後に弁護人が請求することとされています（刑事訴訟規則193条1項及び2項）。

そのため、多くの事件において、弁護人による主張立証は、検察官による主張立証が全て終わった後に行われています。

一方で、公判前整理手続に付された事件については、弁護人による冒頭陳述も予定されていますし（刑事訴訟法316条の30）、公判前整理手続を経ていない事件においても、裁判所の許可を受けて冒頭陳述を行うことは可能です（刑事訴訟規則198条1項）。

検察官請求にかかる証拠調べに際して、検察官の見立てどおりの心証を裁判官に抱かせないためにも、否認事件等においては、弁護側としても冒頭陳述を行うことを積極的に活用すべきでしょう。

書証の証拠調べ

民事裁判においては、被告側提出にかかる証拠を乙号証と呼びますが、刑事裁判においては、甲号証も乙号証も検察官の請求にかかる証拠に使われます。弁護人から提出される証拠は弁号証と呼ばれています。

弁号証のうち、書証については、朗読によって証拠調べが行われます(刑事訴訟法305条1項)。多くの場合は、記載内容の全てを朗読するのではなく、その要旨を告げるように求められますので(刑事訴訟規則203条の2第1項)、どの部分を読み上げるのかについて、事前に準備をしておく必要があります。

全体を朗読しなければ、書証の有する証明力を十分に伝えられない場合には、安易に要旨の告知による証拠調べに応じるのではなく、全体を朗読するべきでしょう。

人証の証拠調べ

証人についての証拠調べは尋問によって行われます(刑事訴訟法304条)。公判期日における尋問の際の注意点等については、「Method 14 公判(尋問等)」で解説していますから、そちらを確認してください。ここでは、弁護人の主張を基礎付けるための、被告人質問や情状証人の主尋問における準備について解説します。

公判期日の前に、被告人や情状証人との間で綿密な打合せが求められることは当然ですが、その内容を書面にして被告人らに手渡すかどうかについては、弁護人によってさまざまです。

弁護人の質問と、それに対する回答をQ&A方式にして渡す弁護士もいますし、なんの書面も渡さない弁護士もいます。

前者の方法は、台本を丸暗記して尋問に臨むような形になりますので、不自然さが隠せず、迫真性を欠く尋問につながりやすいでしょう。

一方で、後者の方法は、弁護人が必ず得たい供述がなかなか得られず、質問がわかりづらくなるという事態を招きそうです。

結局、事案や被告人、証人の性格次第としかいえませんが、私の場合には、どのような目的でどのような話をしてほしいのかを伝えたうえで、その概要を記した書面を渡すようにしています。

その中には、弁護人による質問の内容は記載しません。しかしながら、話が多方面に及びがちな人の場合には、軌道修正ができるように、あらかじめ回答内容が決められている質問を、1つか2つ記載する工夫をしています。

弁論

全ての証拠調手続が終わり、検察官の論告求刑が述べられた後（刑事訴訟法293条1項)、弁護人も最終的な意見を弁論として述べます（同条2項)。

弁護人としては、被告人に有利となる事情を全て詰め込んで裁判官にぶつけたくなるところですが、強調したい内容と些細な内容が混在するような五月雨式の弁論は、弁護側の主張が裁判官に伝わりにくくなってしまいます。

強調したい点をいくつかに絞って、説得的な弁論を心掛けるべきでしょう。

また、通常の裁判官裁判においては、事前に作成した書面を朗読する形で行われることが多いですが、裁判員裁判においてはペーパーレスで行われることも多くなってきています。

裁判員裁判であろうとなかろうと、弁護人から裁判官を直接説得することのできる最後の機会になるわけですから、漫然と書面を読み上げて弁論を終わらせるべきではありません。

とはいえ、単にペーパーレスで行えばよいというわけではなく、事前に準備した書面を読みながら意見することが不適切であるわけでもありません。

結局は、弁護側の主張が正しく裁判官に伝わるように、事案ごとに創意工夫をしながら意見を述べる必要があるということに尽きそうです。

体験談 1

虚偽供述の動機

弁護士３年目　女性

単なる暴行被告事件？

被疑者国選の割当日に待機していたものの、割当てがなかったため、たまたま少し業務に余裕があった私は、翌朝、法テラス霞が関におもむき、被告人国選事件の配点を受けに行きました（東京三会の運用では、被疑者国選待機日から１週間、優先的に被告人国選事件の割当てを受けることができます）。

被告人国選事件の配点は、担当する弁護士側で起訴状と留置場所や係属部等が記載された用紙を見て、受任する事件を決めることができます（当時の東京三会での運用ですので、変更の可能性があります。必ずご自身にてご確認ください）。

私は、上記の手続を経て、暴行被告事件を受任することとなりました。

早速聞き取り調査

配点を受けた私は、記載されていた連絡先に架電し（在宅だったため）、翌日被告人から話を聞く約束を取り付けました。

実際に話を聞くと、捜査段階から一貫して「殴っていない」と話してきているようでした。検察官が持っている証拠は、記録を検討しなければわからず、記録の謄写は、検察庁4階にある謄写センターに依頼したため、少なくとも3～4日はかかる状況でした（混雑具合や記録の丁数等によって、必ずこの期間で終わるものではなく、長く待たされたり、反対に当初の予定より早めに謄写が終わることもあります）。

しかし、被告人本人がやっていないという中、起訴にまで至っているので、被害者本人の供述に加え、防犯カメラの映像等があるのではないかと想像していました。

映像証拠は……

謄写が終わり、防犯カメラの映像も開示がなされたので、早速これを見たところ、映像は遠くて肝心の暴行の様子がわからず、その他の映像も確実に暴行だといえるものがありません。

私は、この段階で、公判では被害者の供述の信用性が、結論を左右する重要な争点となるということがわかり、被告人に被害者供述の信用性を減殺する事情があるかをじっくり聴取することにしました。

虚偽供述の動機

被害者供述の信用性を減殺する要素には、例えば視認状況が悪いことが挙げられます。しかし、本件は、街灯もきちんとついている路上で、すでに言い争いとなっている者同士が、素手で殴られたというものでした。そのため、被害者は、近距離で目撃したと供述するに違いないことが予想され、視認状況が悪かったという方向での信用性減殺はなかなか難しいように思いました。

そこで私は、被害者に虚偽供述の動機があったことはないかということを被告人に聞き取りました。すると、過去数年トラブルが続いていたことや、何かあると警察が出動していたこと、殴られる直前には挑発するような言動すらいとわなかったことなどが判明しました。

そのような状況からすれば、被害者には被告人を陥れるため、虚偽供述を行う動機がありそうです。私は、この争点に注力することを方針にしました。

公判での活動

上記の方針をもとにできることを考えました。被害者の供述調書は不同意とし、被害者の尋問を行うこととしました。また、被告人質問では、過去のトラブルを語ってもらう必要がありますが、これらの活動には、ハードルがいくつかありました。

まず、被害者の証人尋問では、主尋問で過去のトラブルについては何も質問されない可能性があります。そうだとすると、反対尋問では、一般的にはタブーとされている「なぜそのようなことをしたのか」という質問を解禁せざるを得ません。また、本件との関連性があまりに薄いとなれば、異議が出され、裁判官から質問を制限されるおそれがありました。

また、被告人質問でも、上記と同様、主質問で過去のトラブルについて質問した際に、関連性が全くの不明となるおそれが高かったのです。

そこで、私は、過去のトラブルについて可能な限りの書証を用意し、不同意（関連性なし）・不採用となることを覚悟のうえで、あえて検察官に事前開示をし、裁判所にも証拠請求を行いました。そうすることで、過去のトラブルから続いている件なのだということを認識してもらいたかったのです（ですので、立証趣旨には、伝えたいことを全て書き、当然のように裁判官からは修正を求められました）。

このような活動をした結果、検察官が自ら、被害者に対し、過去のトラブルについての質問を行ってくれました。被害者は、検察官からの質問だったからか、水を得た魚のように虚偽供述の動機となり得るエピソードをたくさん話してくれました。

可能性があればトライしてみる

客観的に見れば、暴行被告事件ですから、当日に殴ったか否かが争点なわけで、過去のトラブルの立証は関連性の点から困難かなと思う事件でしたが、証拠採用されたり、尋問で関連する供述を得ることのできる可能性があるのであれば、何かしらの方策を考えるということも必要だということを身をもって学んだ事件でした。

体験談 2

執行猶予を諦める？　一部執行猶予の主張

弁護士 10 年目　男性

初めての一部執行猶予の主張

弁護士となって 5 年が経過した頃に、一部執行猶予の制度が新設されました（刑法 27 条の 2、薬物使用等の罪を犯した者に対する刑の一部の執行猶予に関する法律）。すでに何件か刑事事件をこなし、経験も積めてきたと勘違いしつつありましたので、新しい制度を用いた弁護活動をしてみたいと漠然と考えていました。
しかしながら、なかなかそのような機会はありませんでした。
なぜなら、一部執行猶予の判決が宣告された場合、被告人はまず刑務所に実際に服役しなければなりません。ですから、一部執行猶予という名称とは裏腹に、実刑判決の一種であり、一部執行猶予の主張をすることは、全部執行猶予を諦めることにつながると考えていたからです。
私が、最初に一部執行猶予の主張をしたのは、痴漢事件の再犯者の弁護の時でした。
このときの被告人は、これまで何度も痴漢行為によって刑罰を科されており、執行猶予付きの判決を宣告されてから1年以内に、再度痴漢行為に及んだことで、起訴されていました。
再度の執行猶予（刑法25条2項）を求めつつも、予備的に一部執行猶予を付することを主張したのですが、判決は、求刑を数月削った期間の実刑判決でした。
裁判官からは、痴漢事件の場合、もともとの懲役の期間が短く、一部執行猶予を付すことになると、服役期間及び執行猶予期間がそれぞれ著しく短期間になるため、一部執行猶予を付するのに適さないということを伝えられました。

一部執行猶予のデメリット

私が、初めて一部執行猶予の判決を得られたのは、薬物事犯の再犯者の弁護を行った時のことでした。このときの被告人は、過去に何度も薬物事犯によって刑罰を科されており、刑務所から出所して約1年後に、再び違法な薬物を所持したことで起訴されてしまいました。
今度こそ一部執行猶予を主張すべき事案であると感じた私は、被告人に対して、一部執行猶予の主張を行うべきであることを説明することにしました。
一部執行猶予付きの判決を得られた場合、一部執行猶予が付されない場合と比較すると、服役しなければならない期間は短くなります。一方で、刑務所を出所した後から、執行猶予期間が始まりますので、一部執行猶予が付されない場合と比較すると、保護観察を受けなくてはならない期間が長くなってしまいます。

ですから、事後的に被告人から不満が出ないように、この点について事前に詳細に説明したうえで、被告人の承諾を得る必要があります。

一部執行猶予を主張する際の情状弁護

一部執行猶予は、「再び犯罪をすることを防ぐために必要であり、かつ、相当であると認められる」場合に付されるものです（刑法27条の2第1項）。薬物事犯においては、「刑事施設における処遇に引き続き社会内において……規制薬物等に対する依存の改善に資する処遇を実施すること」の必要性や相当性が求められます（薬物使用等の罪を犯した者に対する刑の一部の執行猶予に関する法律3条）。

しかしながら、全部執行猶予を主張する場合であっても、薬物事犯等における情状弁護の際には、違法な薬物との関係を断ち切るための環境調整は必須ですし、一部執行猶予を主張するからといって、特別な立証が求められるわけではありません。

ですから、今回の事件との関係でも、一部執行猶予を主張することとの関係で特別な立証を行うことはなく、薬物依存からの脱却を目的とする自助グループへの参加や通院していることなどにかかる証拠を提出し、社会内における更生環境が整備されていることを主張したうえで、弁論において、一部執行猶予を付するように求めました。

判決の主文は、「被告人を懲役1年10月に処する。その刑の一部である懲役4月の執行を2年間猶予し、その猶予の期間中被告人を保護観察に付する」というものでした。

ワンポイントアドバイス

一部執行猶予は実刑判決の一種です

一部執行猶予という制度がある以上、そこを目標に弁護方針を定めるべき事案もあると思いますし、積極的に活用するべきだとは思います。しかしながら、被告人が刑務所に服役することになるわけですから、一部執行猶予に舵をとる前に、全部執行猶予の可能性についてしっかりと検討しなければなりません。

また、出所後に執行猶予期間がスタートすることになるという点も、後々のトラブルを防ぐためにも、しっかりと被告人に理解させたうえで、一部執行猶予を主張する必要があるでしょう。

Method

16 判決日対応

▶ まさかの実刑、さぁどうする?

――判決日は被告人である依頼者の人生が決まる日である。依頼者は、これまで幾度となく、「自分の判決はどうなりますか?」と、弁護人であるあなたに聞いたはずである。判決の内容もさることながら、依頼者は、判決言渡しの後、どうなるのかということを特に気にしている。判決日の流れを説明しておくことで、被告人の不安をいくぶんか和らげることはできるはずである。

被告人の身体拘束について

被告人である依頼者は、判決の後自分の身柄がどうなるのかについても心配しています。被告人の身体拘束がどうなるのかは、判決の内容(執行猶予付き判決・実刑判決)や判決言渡し時の被告人の状態(在宅事件・保釈中・勾留中)などによって変わります。在宅事件や保釈中に執行猶予付き判決が言い渡された場合には、そもそも判決言渡し時に身体拘束をされていないので、判決が言い渡された後も身体拘束がないままです。そのまま法廷を後にして終了です。勾留中で実刑判決(一部執行猶予付き判決を含む)が言い渡された場合にも、引き続き勾留が続くだけです。問題となるのはそれ以外の場合です。それぞれの場合について簡単に説明します。

1　勾留中に執行猶予付き判決を受けた場合

東京拘置所に収容されている場合、いったん護送車で他の被告人とともに東京拘置所に連れて行かれ、そこで荷物を確認して解放されるという運用がとられているようです（この運用は執行猶予付き判決の言渡しにより身体拘束から解放される被告人をなおも拘束している点で大いに問題があります。拘置所の職員と交渉すれば、判決日に拘置所に行かず、後日荷物をとりに行くことも可能なようです）。なお、拘置所や警察署から荷物を持ってきてもらっておき、執行猶予付き判決の言渡しとともに裁判所で解放されるようにすることも可能です。その場合には、事前に検察官に裁判所での解放を希望する旨を連絡しておく必要があります。

2　保釈中に実刑判決を言い渡された場合

被告人が保釈されており、実刑判決が言い渡される可能性がある事件では、傍聴席に検察庁の職員が座っています。実刑判決が言い渡されて期日が終了すると、検察庁の職員に誘導され、東京本庁の場合、検察庁の建物の中にある仮監獄（通称「かりかん」）というスペースに連れて行かれます。そして、その日のうちに東京拘置所に行くことになりますので、再保釈の検討、準備が必要です（「本 Method 体験談 2」）。

3　在宅事件で実刑判決を言い渡された場合

そもそも、逮捕されていない場合か、逮捕はされても勾留請求却下等で起訴時に在宅であった場合には、実刑判決が言い渡されても、その日のうちには収容されません。判決確定後、検察庁から出頭日時と出頭場所が書かれた紙が届きます。そして、指定された日に出頭するとそのまま収容されます。

上訴期間について

納得のいく判決が得られなかった場合、上訴を検討することになります。そのような場合、依頼者は上訴をする気になっていることも多いでしょう。ただし、上訴をすることによるデメリットも説明しておく必要があります。判決が覆る可能性は基本的に高いとはいえないこと、被告人控訴の場合、控訴審に継続している期間が全て未決勾留日数に算入されるわけではないこと、などは事前に説明しておく必要があります。また、控訴はいつでも取り下げることができますので、決心がつかない場合にはひとまず控訴の申立てはしておく、という方法もあります。

依頼者に説明しておくべき周辺手続について

無事に執行猶予付き判決が言い渡されたとしても、他の手続との関係で、依頼者に事前の説明をしておかなければならないものがあります。詳細な説明は省略しますが、検討しなければならない代表的な手続を列挙します。また、周辺手続についても事前に調べておくことが重要です。なお、退去強制や医道審議会による医師免許停止など、依頼者によっては刑事手続の結果以上に気にしている手続もあります。

・退去強制手続（外国人の場合）
・医道審議会手続（医師・歯科医師の場合）
・運転免許取消・停止処分手続（道路交通法違反、暴行（あおり運転）、違法薬物使用等の場合）
・医療観察法・精神保健福祉法上の強制入院（責任能力が問題になった場合）
・学校・会社との対応（報道された場合）
・外国入国時のビザ免除制度（外国への旅行等を希望する場合）

体験談1

外国人は「執行猶予でめでたし！」とはならない……

弁護士６年目　男性

退去強制は死活問題

被告人が外国人の場合、常に出入国管理及び難民認定法（以下、入管法という）上の退去強制の問題が生じます。入管法の規定は難しく、きちんと理解しておかないと、執行猶予と同時に自由の身になることを見越して帰りの航空券を買ったのに無駄になってしまう、といった重大な問題を生じかねません。私は、外国人の薬物事案を何件か担当しましたが、毎回ヒヤヒヤしています。

退去強制の基本は押さえていたのだが……

問題となったのは、私にとって３件目の外国人事件でした。偶然にも１件目から３件目まで全て違法薬物の所持または単純使用でした。入管法上、違法薬物に関して有罪判決を受けた場合には、執行猶予付きの判決であっても退去強制事由に当たります（入管法24条４号チ）。しかし、判決が確定しない限り同号には該当しないので、判決言渡し時に在留期限を徒過していてオーバーステイになっているような場合を除き、執行猶予付き判決の言渡しと同時に解放されることが通常です。そして、一審の判決が確定するまでの間に出国すれば、入管施設に収容されることはありません。

今回の依頼者も、職務質問の際に、母国から持ってきた大麻が見つかったという単純な大麻所持事案でした。受任してすぐに在留期限を確認しましたが、まだ70日以上残っていました。今回もこれまでと同じく判決言渡し日が決まったらすぐに航空券を予約して、判決言渡し後すぐに出国させようと思っていました。

急に在留資格が取り消された！

しかし、起訴されてすぐに、事態が急変しました。本人に接見に行くと、「今朝、入管当局が来て、滞在ビザが取り消されてしまった」と言われました。最初、私は、依頼者の勘違いではないかと思いましたが、詳細を聞いたところ、在留資格の取消しで間違いないようでした。

慌てて、入管法の規定を確認したところ、大麻を持っていることを隠して入国したことで、「偽りその他不正の手段により……上陸許可の証印……を受けたこと」として、短期滞在の在留資格が取り消されてしまったようでした（入管法22条の4第1項1号、5条1項6号）。そのため、その瞬間から在留資格がない状態となってしまいました。在留資格の取消しは刑事手続とは完全に独立してなされるのだとこのとき初めて知りました。

すぐに、依頼者に事情が変わったことを説明し、判決言渡しと同時に入管施設に収容されることについては理解、納得してくれました。まだ、航空券も準備していない状態だったのが不幸中の幸いでした。

入管施設収容後の対応

刑事裁判自体は全く問題なく進み、予想どおり執行猶予付きの判決が言い渡されました。判決期日には入管施設の職員が待機しており、依頼者はそのまま入管施設の職員に連れて行かれました。

退去強制事由に該当して収容されている外国人の強制送還は国費によ

ることが原則ですが（入管法52条1項、3項）、帰国を希望しても、予算の関係等から長期間の順番待ちになることが一般的です。そこで、資力がある場合には、自分で帰りの航空券を購入して自費出国することになります（同条4項）。依頼者は一刻も早く帰りたいということだったので、自費出国することになりました。

入管施設の職員に確認すると、退去強制者の場合、搭乗を拒否したり、搭乗できる退去強制者の人数を制限している航空会社が多いそうです。そこで、入管施設と提携している代理店から航空券を購入するのが無難だということでした。

すぐにその代理店から航空券を購入し、収容、つまり判決言渡しから1週間ほどで、依頼者は無事に帰国することになりました。

体験談2

時間との勝負！　再保釈請求

弁護士8年目　男性

保釈中の被告人に実刑判決が宣告された場合

思い出すのも恥ずかしい話ですが、判決宣告直後に再保釈を請求する際に、必要な書面を揃えられておらず、バタバタした経験がありますので紹介します。

保釈中の被告人に対して実刑判決が宣告された場合、保釈は失効することになります（刑事訴訟法343条）。被告人は、法廷において身柄を拘束され、拘置所に送られてしまいますので、判決宣告後に、あらためて被告人に書面に署名をしてもらう機会は基本的にはありません。

私も、そのことは把握していましたので、判決宣告前に、控訴審用の弁護人選任届や保釈請求書に添付する誓約書等、被告人本人の署名が必要な書面は準備することができていました。

一審における保釈請求との違い

私がその当時に担当していた事件は、執行猶予付きの判決を求めていたものの、実刑判決が宣告される可能性も大いにあった事案でしたので、保釈請求書も事前に準備してありました。

また、保釈請求書の内容についても、付け焼刃の勉強で、根拠のない自信をもっていました。

例えば、一審の判決宣告後の保釈請求（いわゆる、再保釈請求）においては、権利保釈の規定が適用されず（刑事訴訟法344条）、裁量保釈（同法90条）しか主張することができないことや、判決宣告直後に請求する場合には、高等裁判所ではなく、一審の係属部が保釈の許否を判断すること（同法97条1項、2項、刑事訴訟規則92条2項、1項）、すでに証拠調手続を終えているため、罪証隠滅を疑わせる理由が基本的には存在しないことなどについては、知識をもっていたのです。

ですので、保釈請求書は、保釈を望む理由や、刑の執行を免れるなどの目的で逃亡を図ることがないことについて強調して起案しました。

さらに、保釈保証金についても、判決宣告前の保釈許可決定の際に定められた金額だけでは足りず、保釈保証金の積み増しを求められる場合がほとんどである旨を聞いていたので、被告人の父親に現金を用意してもらっていました。

私としては、再保釈請求の準備を完璧にできていたと思っていたのです。

保釈保証金の流用

私が被告人の父親に準備してもらったのは、すでに納付済みの保釈保証金から積み増しされた分の現金だけでした。再保釈の際の保釈保証金は、すでに納付済みの保釈保証金を流用することができるからです（刑事訴訟規則91条2項）。

しかしながら、私は、保釈保証金を流用することについての同意書を添付することを失念していました。

この事件は、個人案件ではなく事務所の案件として受任していたので、保釈保証金を納付する際にも、一緒に弁護人として選任されていたボス弁の名義で、ボス弁の預り金口口座から保釈金を納付していました。ですから、保釈保証金を流用するにあたっては、ボス弁名義の同意書が必要となり、この書面を私は完全に失念していました。

迅速に手続を進める必要性

再保釈請求については、判決宣告直後に行えば、基本的にはその日のうちに判断が下されます。そして、検察官に対して、再保釈請求を行う予定であることを伝えておけば、検察官も保釈が許可される場合に備えて、直ちに被告人を拘置所に送るのではなく、検察庁でその身柄を留め置く運用がなされていることが多いようです。

ですから、早く保釈の手続を進めなければ、被告人が拘置所に送られてしまいますし、さらにその手続が遅れてしまえば、被告人が拘置所で一晩を過ごすことになりかねません。

私は、半泣きになりながら事務所に引き返して、ボス弁に怒られながら、保釈保証金を流用することについての同意書に署名をしてもらい、なんとかその日のうちに保釈の許可を得ることができました。

この事件以降、保釈保証金を流用することについての同意書を忘れたことがないのは言うまでもありません。

ワンポイントアドバイス

入管法は難しい

入管法の規定は複雑であり、しかも、刑事手続とは独立して進んでいきます。前の事案と同じだから大丈夫と考えるのではなく、毎回、入管法の規定をきちんと確認し、本当に退去強制になることはないのかを確認する必要があります。少なくとも、入管法をよく確認していない段階で、判決言渡し日に出国できるなどと安易に説明しないことが大切です。

実刑の可能性がある場合にはしっかりとした準備を

再保釈請求は、権利保釈の規定の適用がない等、判決宣告前に行われる保釈請求とは異なる箇所が少なくありません。

再保釈請求の準備が整っていないと、被告人に拘置所で一晩を過ごさせてしまうことになりかねません。特に、保釈保証金の同意書については、忘れがちな書面だと思われますので、注意が必要です。

Method

17 上訴対応

▸ 上訴審は怖くない

――上訴は、主として被告人が原審の経過に納得をしていないため提起されている。とはいえ、原審の判断を覆すことは著しく困難であることが多い。被告人の希望を十分に斟酌したうえで、厳格な刑事訴訟手続の範囲内で、いかにその希望を満足させることができるか、あるいは、被告人の希望に添わないことが被告人の利益となる場合はいかにその納得を得られるか、バランスをとることが重要である。

控訴

1　控訴趣意書

控訴趣意書の提出期限は、通常、裁判所が記録を原審より引き継いだ段階から１か月くらい先の期限が指定されることが多いです。この期限を１日でも過ぎると、民事とは異なり、控訴が棄却されてしまうので注意が必要です（刑事訴訟法 386 条１項１号）。非常に高い確率で懲戒処分にもなり得ます。もし期間内の提出が困難である場合は、裁判所に上申をしてその期間を伸張してもらいましょう。

また、趣意書の提出後に、その内容を補充する書面を提出することもできるので、まずは期限厳守を心掛けましょう。

2 証拠

証拠については、民事とは異なり、新たに「弁1号証」からの提出となります。

事実調べ請求をする証拠は、控訴理由書に記載をしますが、記載事項（要証事実）については、刑事訴訟法377条以下に制限・要求がありますので注意しましょう。

3 審理

検察官同意証拠の証拠調べと、被告人質問を行います。第一審と異なり、被告人質問を請求しても第一審と同内容であれば裁判所は採用しません（刑事訴訟法393条1項本文）。第一審の弁論終結後の事情に限って請求すれば採用されやすいですが（同項ただし書）、裁判所からは「一審判決後の事情で」と釘をさされます。

上告

1 上告趣意書

提出要領は控訴の場合と同様です。

ただし、当事者が申し立てることのできる適法な上告理由は、厳しく限定されていて、憲法違反、憲法解釈の誤り、判例違反のみに限られています（刑事訴訟法405条）。ただ、適法な上告理由がない場合でも、上告審は、法令違反、量刑不当、事実誤認など刑事訴訟法411条所定の事由があり、原判決を破棄しなければ著しく正義に反すると認めるときは、職権で破棄判決をすることができます。

2 審理

上告審の審理は、一審控訴審の訴訟記録の調査を中心とした書面審理によって行われます。

上告審で公判期日が開かれて弁論が行われるのは、原審の量刑が死刑の事件や原判決破棄判決の可能性がある事件などの限られた事件のみです。

体験談 1

上告審で新たな主張をしたいと言われたら

弁護士４年目　男性

上告審の被告人との接見において

被告人国選で窃盗上告事件を受任したところ、接見をした際に被告人から次の事情を聞きました。

控訴審までは、被害者との示談ができれば執行猶予になると思っていたので示談を優先して、弁護人にも事実を認めると話していたが、実はやっていないということでした。

被告人自身も窃盗の前科・前歴があることから、示談ができないと執行猶予にならないのではないかと思い、警察が自宅に来て逮捕された時点から一貫して事実を認めていました。

捜査機関からの利益誘導等があったかについても聞きましたが、逮捕時点で自ら事実を認めており、その点の違法性はみられませんでした。

被告人としては、このまま実刑判決に対して量刑不当で上告するだけでは納得がいかないので、新たな証拠を提出したうえで犯人性を争う主張もしたいとのことでした。

上告審においてこれまでと違う主張ができるか？

まず、被告人に対しては、上告審の仕組みについて説明をしました。上告審は控訴審までとは異なり、事実審ではなく法律審であることから、上告理由も限られており、新たな主張及び証拠請求は基本的には予定されていません。

今回のケースでは、裁判記録上、検察官請求証拠について全部同意して取り調べられていました。弁護人立証として被害弁償状況の報告書が取り調べられ、被告人質問調書では公訴事実を認め反省している内容になっていましたが、被告人曰く、それは事実ではないということですので、これまでと同じ内容を上告趣意書に書くことは被告人の意思に沿わない弁護活動になってしまいます。

そこで、私は、被告人からよく事情を聴取したうえで、具体的に否認している部分はどこであるのか、そして、弁護人立証としてなんらかの証拠を提出することはできないかを検討しました。控訴審までの国選弁護人にも連絡し、当時の状況等についても聞き取りをしました。

本件では、犯人性を争っていましたので、被告人が本件被害品を所持していたものの、他から入手していた可能性を示す証拠を集められるかを検討し、いくつかの弁護士会照会をしました。

その他にも被告人自身の事件当日のアリバイを基礎づける証拠がないかについても検討しました（もっとも、この点については具体的な証拠を得ることはできませんでした）。

被告人は、本件被害品以外にも、中古店で購入し、別の中古店で高く売るという行為を繰り返していたので、その行為の中に本件被害品があった可能性があるのではないかということを新たに主張しました。

上告審において新たに証拠調べ請求をすることができるか？

上告審は控訴審までの事実審と異なり法律審になるので、基本的に証拠の取調べを行うことはありません。控訴審までの段階で証拠調べ請求をしていたが却下されていた証拠については、却下された点を上告理由として構成すればよいのですが、これまで請求していなかった証拠に関してはそうすることができません。

しかしながら、本件のケースのように、弁護人として新たな証拠を提出したい場合はあり得ます。

その際は、上告趣意書の添付資料として提出することになります。上告趣意書の本文に「(添付資料１参照)」などと記載して、主張する内容と添付資料をリンクさせるようにします。また、事実の取調べ請求をすることもできます（刑事訴訟法414条、393条）。いずれの方法であれ、最高裁判所では弁論が開かれるか否かが重要ですので、新証拠を示しつつ、説得的な上告趣意書を提出することが必要です。

体験談２

送達受取人って？

弁護士５年目　男性

第一審の経過

とある外国人の刑事事件を被疑者段階から国選弁護人として活動し、無事に執行猶予付き判決を受けて、入管施設に収容されたので、私の弁護人としての任務が終了しました。この事件は、客観的事実は全て認めていたものの、被疑者段階では故意を一部否認するかのような供述（厳密にいうと否認になっていないのですが）をしていたという事案だったのですが、証拠関係からは無罪判決が出る可能性が低いこと、有罪だとしても執行猶予付き判決の可能性が高く、被告人が外国人でもあるので、判決言渡し後入管施設に送られ、すぐに帰国できることを伝えたところ、本人も納得したうえで、認め事件として公判に臨むことになったのでした。裁判終了後、帰国の目途もついたので、被告人とは、よかったですねという話を最後にして別れたのでした。

一審判決後

しかし、判決言渡し後１週間ほどした頃、被告人から、大使館の領事を通じて事務所に連絡がありました。話を聞くと、控訴をしたい、控訴審でも弁護人になってほしいというものでした。何が不服なのか不明だったことと、一審で完全に認め事件であったことから控訴審でどんな弁護活動をするのかがイメージできなかったこと、そもそも引き続き国選弁護人に指名されるか否かも不明だったことから、控訴状の書式を領事に渡し、私が弁護人につくことはできないと回答をしました。

そうすると、今度は高等裁判所の書記官から連絡があり、控訴状が届いたとのことでした。私としては、そうですかとしか言いようがない状態だったのですが、書記官が言うには、裁判所からの郵便は、入管施設で受け取ってくれないのだそうです。そのため、今後の弁護人の選任関係の書類のやり取り等、手続を進めていくためには、誰かに送達受取人になってもらわなければならないとのことです。それに対して私は、「そうなんですか、大変ですね」と他人事のような返事をしたところ、驚くことに書記官は「それを先生にやっていただけませんでしょうか？」と言い出しました。それから、「それは義務ではないですよね？」「当然、義務ではありません。裁判所からのお願いベースの話です」「大使館の方とか領事の方ではダメなんですか？」「ダメではないんですけど……裁判所からの信用という意味で、先生にお願いしたいのですが……」などといったやり取りをした挙句、渋々引き受けることになってしまいました。

実際の任務

結局のところ、裁判所からの送達書類を私が受け取り、それを領事に渡して、本人に差し入れしてもらい、本人が書類に記入したら、領事が宅下げを受けて裁判所に郵送するというやり取りが何度か繰り返され、ようやく国選弁護人が選任され、無事に私の送達受取人としての任務が終了したのでした（これも事実上の終了で、厳密には控訴審判決までの間、送達受取人の身分は残っていたそうですが)。そんなに大した労力ではなかったのですが、無報酬で責任を負わされているという、精神的苦痛が大きい事件でした。裁判所と入管施設との関係がどのようになっているのか詳しいことはわかりませんが、そのしわ寄せを弁護人でもない弁護士に無報酬でお願いする裁判所に驚いた出来事でした。

体験談 3

意外と採用してくれる控訴審における事実取調請求

弁護士 8 年目　女性

一審で証拠を提出できなかったことへの不満

この数年は、上訴審の事件を受任することも多くなってきました。控訴についての依頼を受ける場合、当たり前の話ですが、一審の結果について納得していない人からの依頼になりますし、弁護人を替えることを前提に相談いただくわけですから、一審の弁護人に対する不満をお話いただくことが多いです。

その中で厄介なのが、「この証拠を出せば裁判の結果は変わっていたはずだ！」という不満です。

昨年、私が受任した事件の被告人も、長期間悩まされ続けていたうつの症状を緩和させるために、同種前科があるにもかかわらず、再び大麻に手を出してしまった人でした。

被告人としては、うつ症状についても一審で主張したかったようなのですが、一審の弁護人の弁護方針と合わなかったようで、一審においては、うつ症状に関する主張はほとんどなされていませんでした。

控訴審における新証拠提出に課されるハードル

被告人から話を聞き、一審の記録を確認したところ、私としても、量刑不当を理由とする控訴趣意書を起案するにあたっては、被告人が長期間にわたってうつ症状に悩まされていたという点を主張する必要があると感じました。

しかしながら、うつの症状に関する主張は一審でほとんどなされていなかったため、控訴趣意書の中でうつ症状に関する主張を記載することができない状況でした（刑事訴訟法 381 条）。

そこで、被告人がうつの症状に悩まされていたことを証明するために、診断書兼意見書や、被告人の通院歴を示す書面を証拠として提出することにしました。

控訴審においても新しい証拠の取調べを求めることは可能なのですが（刑事訴訟法 393 条 1 項本文）、一審の段階で提出できなかったことについて「やむを得ない事由」（同法 382 条の 2）が認められない証拠については、なかなか採用してもらえません。

本件においては、犯行時の被告人のうつ症状を証明するための証拠だったため、厳密な意味での「やむを得ない事由」は認められませんでした。

一審判決後の事実と一緒にしてしまう

そこで、私は、被告人の担当医にお願いして、現時点でもうつ症状についての治療が必要であることを意見書に記載してもらうことで、一審の判決後の事情に関する証拠である体裁を整えつつ、被告人の治療期間等についても意見書の中に記載していただくことで、犯行時にも被告人がうつ症状に悩まされていたことを証明することにしました。

また、公判期日においても、現時点における病状等を立証趣旨としたうえで、被告人質問を行うことも求めました。

検察官としても、こちらの狙いはわかっていたように思いますが、無事に医師の意見書について同意を得られ、取り調べてもらうことができました。

やりすぎると異議が出る

被告人質問では、基本的には現時点での病状ではなく、犯行当時の病状を供述してもらうことを目的にしていましたから、最初は原判決後の病状から確認していき、その病状が改善しつつあることに触れながら、犯行時の病状が芳しくなかったことについても供述させることができました。

一審判決宣告前の内容については、基本的には「やむを得ない事由」が認められませんが、その内容に触れただけで被告人質問を遮られた経験はありませんし、現時点との対比として確認する必要がある等の理由で、一定程度は犯行当時の内容を聞き出すことは可能です。

しかしながら、あまりにも長く犯行当時の話を聞いていると、検察官の異議で質問を遮られてしまいます（異議が出るまで続けようとしているわけではないのですが、私は何回も経験しました……）。

重要な情報は序盤で聞き切ってしまう必要があるでしょう。

体験談 4

初めての殺人事件

弁護士 13 年目　男性

受任

被告人の親族からの依頼でした。初めての殺人事件（控訴審）ということで、なかなか緊張して相談に臨みました。

被告人は、後妻の介護疲れから思わず殺してしまったという殺人罪で、一審（裁判員裁判制度開始前）で長期の懲役という判決を受けていました。

当時は、いわゆる「老老介護」が社会問題として耳目を集めており、同様の事案がそれなりに報道もされていましたが、報道される事件に比し、懲役期間はいかにも重い感じがしました。

弁護活動開始

とある早朝、少し遠方の拘置所に事務所のボスとともにおもむきました。被告人は少し品のある、それでいて老獪な紳士という感じで、限られた時間で聴取した経緯からもやはり量刑は重きに失していると感じました。

被告人は高齢であったため、まずは保釈（再保釈）の請求をしました。もちろん、打合せの便宜もありました。

一審記録を謄写のうえ確認したところ、一審弁護人は承諾殺人や未遂の主張をしておりました。さすがにその法律構成には無理があるように感じられたものの、総じて素晴らしい文章を書く弁護士であり、例えば一審裁判官らの保釈請求却下の判断などに対する不服申立はいかにその判断が誤っているかを重厚にかつ説得力十分に起案されていました。ですが、これが裁判官らの癇に障って心証を害したことは容易に想像できました。

そこで、弁護方針としては、情状一本に絞り、遺族に対する示談交渉のうえ謝意を十分に示し、控訴趣意書には婚姻から介護の経緯を詳細に記載し、被告人質問でもその点について語ってもらう、ということにしました。

数名の遺族らは一様に被告人に対して同情的であり、よくここまで面倒を看てくれたと感謝の意を述べる人までいました。

本人のメモをもとにした控訴趣意書は数十ページに及び、徹夜の起案をすることになりました。

公判

傍聴席はほぼ満席でした。

示談書や上申書等の書証は全て同意され、繰り返し練習をした被告人質問もつつがなく終わり、判決期日が指定されました。

そして、果たして判決は一審判決破棄、半分とまではいきませんでしたが懲役期間は相当程度短くなりました。

未決勾留日数や法定通算期間を考えれば、殺人事件にしてはかなり短期の懲役実日数であり、ボスとともに胸をなで下ろしました。

被告人や親族にも感謝をされ、美味しいお酒を飲むことができました。

ワンポイントアドバイス

被告人の意向に最大限添えるように工夫する

上告審は被告人にとって、これで棄却されてしまうと刑が確定しまうことから、積極的に添付資料を付けて、上告趣意書で説得的な主張をしましょう。

事実の取調べが行われなくても、裁判官の目には触れさせられる

体験談3の中で記載されていたように、控訴審において量刑不当を主張する場合、新しい証拠を提出する際には、「やむを得ない事由」が必要です（刑事訴訟法393条1項ただし書、382条の2第3項）。

ですので、「やむを得ない事由」があることについては、説得的に主張する必要があります。

一方で、「やむを得ない事由」を認めるのが困難な場合であっても、安易に提出を諦めるべきではありません。

一審においては、証拠について採用されることが決定された後に、その証拠を裁判所に提出することになりますが、控訴審においては、事実取調べの請求書を提出する際に、証拠の写しについても裁判所に同時に提出するように求められますので、証拠としての採否が決められる前に、その証拠を裁判官の目に触れさせることが可能です。

裁判官の心証を左右するような証拠であれば、「やむを得ない事由」が認められない場合であっても、刑事訴訟法393条2項によって取調べが行われる可能性がありますので、重要だと思われる証拠についての提出を躊躇すべきではありません。

一審弁護方針の変更は慎重に

体験談4においては、被告人自身も第一審弁護人の弁護方針に違和感を覚えていたため、シンプルな情状弁護へと転換することがスムーズに決まりました。被告人との意思疎通、確認は綿密に行い、納得を得ることが肝要です。

Method
18
裁判員事件対応（公判前）

ここが違うよ、裁判員裁判

――裁判員裁判対象事件は、起訴後に必ず公判前整理手続に付される。公判前整理手続では、事件の争点と証拠を整理し、公判審理の計画を立てることになる。弁護人は公判前整理手続を最大限活用し、積極的に証拠の開示を請求し、公判の準備を完了することが必要である。

公判前整理手続ではなにをするのか

公判前整理手続とは、事件の争点と証拠を整理し、公判審理の計画を立てる手続です。公判前整理手続では、おおむね次の事項を行うことになります（刑事訴訟法316条の5以下参照）。

1　争点の整理

①検察官が訴因または罰条を明確にします。

②検察官が証明予定事実を明らかにします。

③弁護人が予定主張を明らかにします。

2　証拠の整理

①検察官、弁護人双方が証拠調べを請求します。なお、請求する証拠について、立証趣旨や尋問事項等を明らかにします。

②検察官、弁護人双方が、証拠調べの請求に関する意見（同意、不同意等）を明らかにします。

③裁判所が証拠調べをする決定をした証拠について、その取調べの順序及び方法を定めます。

3　証拠の開示

①　検察官請求証拠の開示

②　類型証拠の開示

③　弁護人主張関連証拠の開示（刑事訴訟法316条の20第1項）

4　公判審理予定の策定

①　公判前整理手続を終了する際、裁判所が事件の争点及び証拠の整理の結果を確認します（刑事訴訟法316条の24）。

②裁判所が公判期日を定めます。具体的には、公判の日数や冒頭陳述・書証の取調べ、証人尋問・被告人質問・論告・弁論等の各手続の時間を定め、第1回公判期日から判決に至るまでのスケジュールを立てます。

公判前整理手続はどのように進むのか

公判前整理手続は、おおむね次のような流れで進行します。なお、以下の手続は一度限りではありません。

1　裁判所が公判前整理手続に付する旨の決定をすると、裁判官・検察官・弁護人間で公判前整理手続期日（刑事訴訟法316条の6第1項）あるいは打合せ（刑事訴訟規則178条の15第1項）の日程を調整します。

公判前整理手続期日には被告人に出頭の権利がありますが（刑事訴訟法316条の9第1項）、打合せの期日にはその権利がありません。他方で、勾留されている被告人が出頭する場合、警備の関係で法廷を使うことが通常ですので、三者の日程調整に加えて法廷の空き状況等による日程調整の負担が生じます。手続の進行を自分の目で確認したいという被告人もいますから、被告人の出頭を希望するかどうかについては、事前に被告人と相談しておく必要があります。

2　検察官が証明予定事実記載書面の提出（同法316条の13第1項）と証拠調べを請求（同条2項）します。

検察官の主張に不明な点がある場合は、求釈明を行います。

3　弁護人が検察官に対し、証拠一覧表の交付を請求し（同法316条の14第2項）、類型証拠開示請求をします（同法316条の15第1項）。

検察官が類型証拠開示請求に対して証拠を開示しなかった場合、裁判所に対して証拠開示に関する裁定を求めます（同法316条の26第1項）。

4　類型証拠開示請求の結果を受け、弁護人が検察官請求証拠に対する意見を明らかにします（同法316条の16第1項）。

5　弁護人が予定主張を明らかにします（同法316条の17第1項）。

どこまで具体的な予定主張を行うかは事件ごとに判断しなければなりません。民事事件のように、検察官の証明予定事実記載書面記載の事実を逐一認否する必要もありません。

6　必要に応じて、弁護人が検察官に対し、主張関連証拠開示請求をします（同法316条の20第1項）。検察官が開示に応じない場合の裁定請求は類型証拠開示請求の場合と同様です。

7　弁護人が証拠調べを請求します（同法316条の17第2項）。

証人を請求する場合は、供述予定要旨記載書面を提出する必要があります（同法316条の18第2号）。

さらに、公判前整理手続後には、やむを得ない場合を除き、新たな証拠調べ請求ができないことに注意を要します（同法316条の32第1項）。

弁護人は公判前整理手続において なにを目標とするのか

弁護人は、公判前整理手続において「ケースセオリーを確立し、それに従って反証・立証計画を立てること」を目標とすべきです（日本弁護

士連合会裁判員本部編『公判前整理手続を活かす〈第２版〉』現代人文社（2011 年）15 頁）。

ケースセオリーとは、弁護人の求める結論が正しいことを導く論拠であって、全ての証拠と争いのない事実について矛盾のない説明を与えることのできるものをいいます。

ケースセオリーは、資料の乏しい捜査段階では確立することができません。そこで、検察官に対し積極的に証拠の開示を求めることが重要になるのです。

体験談１

証拠一覧表の使い方

弁護士５年目　男性

大量の証拠に埋もれてパニック

初めて公判前整理手続に付された事件を受任した時の話です。

類型証拠開示請求をすることができることや（刑事訴訟法 316 条の 15 第１項）、証拠一覧表を請求できる（同法 316 条の 14 第２項）、ということは知っていたので、両方とも請求をしました。

すると、数週間後には、自分の身長と同じくらいの高さに及ぶほどの大量の証拠と、数百点の証拠の標目が羅列された証拠一覧表が私の手元に届きました。

大量の証拠が届いたのはよいものの、果たして、捜査機関の手持ち証拠のうち、どの程度の分量が届いたのか、重要な証拠の開示漏れがないか……それらを把握するには、開示された証拠と証拠一覧表を照らし合わせてチェックしなければなりません。しかし、この大量の証拠をどのようにチェックしたらよいのか、途方に暮れました。

暗中模索の開示チェック

証拠一覧表という名前が付いてはいるものの、捜査機関がどのような証拠を持っているのか完全に把握することはできません。

証拠一覧表には、どのような証拠なのかといった詳細が記載されているわけではないからです。具体例を挙げると、「証拠の標目：供述調書　作成日：平成30年1月15日　供述者：第一法太郎」や「証拠の標目：捜査報告書　作成日：令和元年8月19日　作成者：法規花子」という程度の記載しかありません。最近、証拠の標目はもう少し詳細な記載（サブタイトルが付くなど）になってきてはいるようです。それでも、やはり、検察官手持ち証拠の完全な把握は困難です。

少ないヒントから、開示された証拠と証拠一覧表を照らし合わせていく必要があります。証拠一覧表の交付がされていなかった時期に比べれば、証拠の把握は幾分か透明性が高くなってきているのかもしれません。

どうやってチェックするか

チェックの仕方としては、いろいろなやり方があるのかもしれませんが、私は以下のようにするのが効率的だと感じています。

手元には、開示された証拠の目次たる証拠開示書と証拠一覧表とパソコンを用意します。証拠一覧表は、スキャナーで読み込み、ワードソフトかPDFソフトで、テキスト変換することや、文字検索できるようにします。そうすれば、証拠開示書に記載された証拠の標目をパソコンで検索して、証拠一覧表の何番の証拠が開示されたのかを確認できます。なかには、同じ証拠の標目名の証拠が複数個ある場合もあります、その場合は、作成日や作成者で絞りをかけて確認します。証拠一覧表には、開示された証拠にチェックマークを付けます。

この作業によって、証拠一覧表中、どの証拠が開示されたのかを把握することができます。まだ開示が足りないことがわかったときには、さらに開示を求めていくことができます。この地道な作業を経ることで、弱点を踏まえたケースセオリーを考えることができました。

体験談 2

統合捜査報告書のどこを見る?

弁護士８年目　女性

統合捜査報告書ってなに?

自動車を利用した５件以上の連続強盗致傷事件。それが、私が体験した初めての裁判員裁判でした。

公判前整理手続期日や打合せ期日の進行に伴い、検察官請求証拠の開示、類型証拠の開示、主張関連証拠の開示と手続が進み、次第に弁護人の手元にある証拠が増えていきます。そして、弁護人は検察官請求証拠に対して意見（同意・不同意等）を述べます。こうして弁護人が同意した検察官請求証拠が明らかになっていく中、打合せ期日において、裁判官から検察官に質問が投げかけられました。

「検察官、統合捜査報告書作成の見通しはいかがですか」

（きた…！！）

統合捜査報告書。それは、捜査の過程で作成された第一次的な証拠（これを「原証拠」といいます）に盛り込まれた情報を絞り込んで、要点をまとめた第二次的な証拠をいいます。公判期日において、裁判員が全ての原証拠を確認することが必須ではない場合も多く、時間的にも困難が伴います。そこで、検察官は、公判期日において円滑に証拠調べができるよう、争いのない原証拠を厳選して統合した報告書をして提出するのです。

この事件は認め事件でしたが、5件以上の連続強盗致傷事件であったために原証拠の数が多く、検察官は統合捜査報告書の作成にかなり時間を要しました。

「それでは、弁護人と検察官は、期日間に統合捜査報告書について意見交換をしてください」

統合捜査報告書が開示された後、なにをするのか

打合せ期日からしばらくして、検察官から統合捜査報告書案が事務所に届きました。最初は案文であり、これに対して弁護人は適切に証拠が統合されているかをチェックし、検察官に対して意見を述べることになります。

各統合捜査報告書案の表紙には、使用した原証拠がリストアップされていました。

「これまで検察官請求証拠には何度も目を通しているし、検察官も不同意部分を統合することはしないだろうから楽勝でしょ。……あれ？この記載、見たことあるけど検察官請求証拠にあったかな……？　車のスピードの記載なんてなかったような」

この事件では、被告人が被害者から被害品を奪った時の車のスピードの鑑定書が存在しました。それは任意開示証拠として弁護人に開示されていましたが、公判が始まる1か月前になっても証拠請求されていませんでした。当然、弁護人はその鑑定書に対して同意・不同意の意見を述べていません。統合捜査報告書案の表紙にも原証拠としてリストアップすらされていません。

「えええ、これはダメじゃないの……？　車のスピードって、量刑を決める重要な犯情になるでしょ……」

検察官請求証拠は最後の最後まで精査すべし

この事件では、車のスピードは争点になっていませんでした。車のスピードの鑑定書は証拠請求されていないので、弁護側も鑑定書の妥当性を検討していません。

急ぎ鑑定書を持って東京拘置所に行き、被告人と接見しました。

「鑑定書に利用されているビデオ画像の車が私が運転していた車であることに間違いありません」

「ですね。では、実際にこれくらいのスピードで走っていたのですか」

「そのようなスピードで走っていた記憶はありません。被害者とすれ違う時に物を獲らなければなりませんし、道路も狭いですし……。もっと遅かったと思いますよ。こんなには速くないですよ」

その後、検察官に対し、証拠請求されていない証拠が統合されていること、そのため当該統合捜査報告書案には同意できないことを伝えました。すると、検察官は車のスピードの鑑定書を証拠請求しました。しかし、このときすでに公判期日まで１か月を切っていました。

それから、かなり短い間隔で公判前整理手続期日・打合せ期日が入りました。検察官は、鑑定書を作成した鑑定人を尋問するとも述べました。しかし、そうなると大幅に審理日程が変わるおそれがあります。裁判長の指揮の結果、車のスピードについては統合捜査報告書の記載から削除されました。

弁護人が確認しなければ、内容に争いのある証拠が統合捜査報告書に利用されてしまう可能性のあった事件でした。

ワンポイントアドバイス

証拠一覧表はあくまでも補助ツール

証拠開示においては、どんな証拠をとりたいのかを狙い撃ちできる場合はともかく、検察官との情報格差を埋めるためにも、広く証拠開示を求める姿勢が重要です。捜査機関がどんな捜査をしたか、どんな証拠を作成・取得したかを想像して請求します。証拠一覧表は、証拠が十分開示されたかチェックするためのリストになります。大量の証拠を証拠一覧表と照会するのは、時間も労力も要するので、ワードソフトやPDFソフトの文字の検索機能を利用してチェックすると効率的です。

統合捜査報告書のチェックポイント

検察官から統合捜査報告書案が出される段階では、弁護人は検察官請求証拠に対する証拠意見を出し終えていることが通常です。しかし、油断大敵です。裁判員裁判で実際に裁判官・裁判員が目にするのは統合捜査報告書ですから、検察官請求証拠に限らず原証拠が適切に統合されているかを細部にわたり検討する必要があります。具体的には、①原証拠の選択は適切か、②検察官請求証拠の不同意部分が統合されていないか、③原証拠からの引用は適切か（例えば、供述調書を引用する場合、引用の方法でニュアンスが変わってしまう場合があります）、④被告人にとって有利で重要な事実が漏れていないか（例えば、被害者が怪我をしたものの後遺症が残らなかった事実などが漏れている場合があります）、などをチェックしましょう。

□ 理由なし不選任、どうする？

どう使えばよいかわかりにくい「理由なし不選任」の制度

裁判員選任手続では、検察官と弁護人は、一定の人数まで、理由を付さないで不選任の請求をすることができます。補充裁判員が２人の場合には、検察官、弁護人はそれぞれ５人まで不選任の請求ができます（裁判員の参加する刑事裁判に関する法律 36 条１項、２項）。順番は検察官からです（裁判員の参加する刑事裁判に関する規則 34 条３項）。実際の選任手続の場では、裁判長が「では、検察官からどうぞ」と言い、そこから検察官と弁護人が、「〇番」と順番に言っていく形で行われています。

判断資料としては、①裁判員候補者が記入する質問票、②裁判員候補者の前で裁判官・弁護人・検察官が挨拶をする際の裁判員候補者の風貌、態度、③挨拶に続いて裁判長が行う全体質問に対する回答、④個別質問に対する回答（対象者のみ）などになります。

この理由なし不選任の制度をどのように利用するのかは、弁護人にとって悩ましいところです。なにしろ、判断材料が少ないので、ある種の勘を頼りに不選任請求するしかありません。また、実際の評議はみられないので、自分の勘があたっていたかもわかりません。

まずは質問票から！

選任手続の日に、指定された控え室に行くと、そこには裁判員候補者が記入した質問票が置かれています。まずは、その質問票全てに目を通します。質問票には、辞退事由があるか、気になっている点はあるか、等の質問があり、それぞれの質問に「はい」

と答えたうえで具体的な事情を書いている裁判員候補者もいます。ですが、ほとんどの裁判員候補者は、全て「いいえ」に丸がしてあり、何の判断材料も得られません。何か気になることが書いてあるときには、その人の番号を覚えておくようにしています。控え室には、選任手続時の裁判員候補者の座席表も用意されているので、その裁判員候補者が座っている場所を頭に入れておき、裁判員候補者への挨拶の際に、その人の様子を確認します。

裁判員候補者の住所は通常、書かれていませんが、候補者に選ばれた時から住所が変わっている場合には、変更後の住所が書いてあります。新住所が犯行現場から近い裁判員候補者には嫌悪感を抱かれるかもしれないと思い、不選任としたことがあります。

除外したい人は検察官も一緒？

裁判員候補者への挨拶の際は、弁護人は数十人の裁判員候補者の前に立ちます。裁判長が裁判についての説明をしている間は、観察タイムです。事前に相弁護人と話し合って、観察する裁判員候補者の担当エリアを決めておきます（東京の場合、邪魔な柱があるので１人で全員を確認するのが困難です）。その際、明らかにやる気がなさそうにしている人や、挙動がおかしい人がいれば、その人が評議を予期せぬ方向にもって行く可能性があるので不選任請求をしています。毎回、１人くらいは、挙動からして不選任にしたい人がいるのですが、毎回、先に検察官から不選任請求されている気がします。人から受ける印象というのは弁護人も検察官も同じようです。

特定の人を裁判員にさせるための理由なし不選任

選任手続に来る裁判員候補者の人数は裁判ごとに大きな差があります。私が以前担当した裁判員裁判では、事情があって来られなくなった人が多かったのか、裁判員候補者の人数がかなり少なく、検察官と弁護人が上限まで理由なし不選任をしてしまったら、残った人のほとんどが裁判員または補充裁判員に選任される、といった状況になったことがありました。そのような場合に、例えば、女性ばかりを上限まで理由なし不選任とすれば、裁判員のほとんどを男性とすることも可能になります。私はやったことがありませんが、特定の層ばかりを裁判員にしたい事情のある事件であれば、そのような戦略もありかもしれません。

Method

19

裁判員事件対応（公判）

▸ 裁判員の心をつかめ！

——裁判員裁判が通常の裁判と異なる点は、まず、弁護人も必ず冒頭陳述を行うところである。そして、最後の弁論に至るまで、弁護人の主張が線でつながっていることを理解してもらうことが重要となる。これは、通常裁判でも基本的には同じであるが、一般市民が裁判員を務める裁判員裁判では特に意識する必要がある。裁判官には理解してもらえることでも、裁判員には理解が難しいこともあるからである。

冒頭陳述

公判前整理手続を経て、裁判員に初めて弁護人の主張を聞いてもらうのが冒頭陳述です。ここでは、公判前整理手続で整理した争点について、弁護人のストーリーを理解してもらう必要があります。そのためには、各争点について、なにがどのような証拠からいえるから、どの犯罪成立要件が認められない（または被告人に有利な情状事実が認められる）のかについて、裁判員に理解してもらう必要があります。通常の裁判においては、事実に重点が置かれ、公判に現れた事実から、裁判官が、犯罪の成否、情状面について自らの判断で事実認定を行います。これは裁判員裁判でも基本的には同じですが、裁判員は一般市民であること、裁判員裁判は短期間で集中して行われることから、どのような事実がどの要件の存否に関わることなのかについて、丁寧に説明し理解してもらうことが重要となります。

証人尋問・被告人質問

弁護人立証において、書証については、通常の裁判と特段変わるところはありません（もっとも、裁判員が理解しやすいように統合化するなどの工夫はあり得ます）。ただ、情状に関する陳述書等は採用されないことが多く、情状証人として公判に出頭してもらう必要があります。

通常の裁判と裁判員裁判の立証において、大きく異なるのは証人尋問・被告人質問でしょう。通常の裁判においては、証人、被告人から必要な事実を引き出すことに主眼を置いて尋問をしていくかと思いますが、裁判員裁判においては、それだけでは裁判員に理解してもらえないことがままあります。そのため、これから質問することは、なんのために、どの要件の存否のために質問をするのかを、獲得目標が変わるごとに明確にするべきです。

弁論

ここまでに、弁護人、検察官双方が立証を尽くしてきていることを前提に、検察官の論告求刑、弁護人の弁論が行われます。弁論では、裁判員に、弁護人のストーリーを再度確認してもらうことが重要な役目となります。公判において明らかになった事実が、犯罪成立要件の存否または情状事実の存否にどのように影響するのか、弁護人が考えるストーリーを、事実認定の過程も含めて、裁判員に理解してもらうべく、通常の裁判よりもさらに丁寧な弁論を心掛けるべきです。

体験談１

量刑分布表を使いこなそう

弁護士５年目　男性

量刑分布表とは

裁判員裁判では、量刑を決定するうえで、裁判所の裁判員量刑検索システムを利用した量刑分布表が参照されます。量刑分布表とは、罪名ごとに事件類型に応じた検索条件を入力して、同種事案の過去の処断刑等を表示させて一覧表にしたものです。

裁判員裁判対象事件の弁護人は、量刑分布表を参照することができ、弁護活動に役立てることが期待されています。具体的には、担当する当該事件と同種事案を比較することで、当該事件において獲得し得る判決を予測したり、どのような事情が量刑判断を大きく左右しているかを検討したりするのに利用することができます。

また、量刑評議の現場においては、裁判員も特定の条件を入力した量刑分布表を閲覧し、量刑判断の参考にするために利用しています。具体的には、同種事案と比較して、当該事案が量刑分布表のどのあたりに位置するかを議論したうえで、量刑を決定しています。

そして、評議においてこのように量刑分布表が用いられていることから、弁護人の弁論においても量刑分布表に触れることが望ましいといえます。弁護人が求める判決が適当であることを裁判官と裁判員に納得してもらうためには、当該事案が量刑分布表のどのあたりに位置づけられるのかを的確に論じることが重要です。

私が弁護人を担当した覚せい剤の営利目的輸入事件において、裁判官が量刑評議において使用することを予定していた検索条件とは異なる検索条件を用いた量刑分布表を弁論で用いたことで、一定の成果を収めた事例を紹介します。

「軽い部類」か「重い部類」か

私が担当した覚せい剤の営利目的輸入事件は、被告人が、共犯者から指示を受けて、外国から送られてきたダンボール入りの10 kgを若干上回る量の覚せい剤を国内で受け取ったという事案で、被告人は未必の故意の限度で公訴事実を認めていました。

この事案の公判前整理手続において、裁判長は、量刑評議においては同種事案のうち輸入した覚せい剤の量が5 kgを超える事案の量刑分布表を使用する予定であることを明言していました。

覚せい剤の営利目的輸入事案において、輸入された覚せい剤の量の多寡は、量刑を左右する重要な情状事実です。したがって、輸入された覚せい剤の量が5 kgを超える事案の量刑分布表において、10 kg強の覚せい剤が輸入された本件を位置づけた場合、評議において本件を「軽い部類」に位置づけてもらうことは極めて難しく、「中程度」または「重い部類」に位置づけられてしまう可能性がありました。

そこで、弁論では、上記量刑分布表だけでなく、輸入された覚せい剤の量が10 kgを超える事案の量刑分布表も用いて、弁護人の求める判決が適切であることを説明しました。その理由は、覚せい剤の量が10 kgを若干上回る本件が、10 kgを超える事案の量刑分布表において「軽い部類」に位置づけられることは比較的説明しやすく、裁判官及び裁判員にも受け入れてもらいやすいと考えたからです。

その結果、弁護人の求める懲役年数の判決をそのまま獲得することはできませんでしたが、検察官の求刑から4年引かれた判決をもらうことができ、一定程度の成果を収めました。

体験談 2

目を見て話せ！

弁護士５年目　女性

初めての裁判員裁判

初めて裁判員裁判の弁護人になったのは、私が１年目の時のことです。その事件は、被告人が20代の性犯罪の事件でした。公訴事実は認めていたものの、情状事実で検察官と争いのある事件でした。私が修習生の時には、すでに裁判員裁判が始まっていました。刑事裁判修習では、評議も含めて裁判員裁判を傍聴していたので、なんとなくのイメージができていたのは幸運でした。修習で傍聴した際のイメージでは、評議は声の大きい裁判員の意見に引っ張られがちというものがありました（当然、行き過ぎる場合には、裁判官がフォローして議論を軌道修正したりはしていましたが）。そのため、裁判員裁判での公判は、裁判員の誰が評議をリードするのかにあたりを付けておく方がいいなと思って、初めての裁判員裁判に臨みました。

私は、裁判員・補充裁判員の中で、２人の方に目を付けました。それは、裁判員選任の時から見ていた雰囲気だけによるものなので、あたっている保証はなにもありませんでした。その２人を中心に、冒頭陳述から弁論まで、可能な限り手元を見ずに裁判員の目を見て発言することを一貫して意識して公判を乗り切りました。

その結果、執行猶予付きの判決となりました。本件では、公判前整理手続において、裁判所から評議で使用する量刑分布表が渡されていました。そこには執行猶予付き判決が１件もなかったので、主文が言い渡された時は本当に驚きました。争いのあった情状事実について、ほぼ弁護人の主張どおり認められたことが大きかったかとは思いますが、運がよかったなというのが正直な感想でした。
しかし、驚いたのはその後の反省会でのことです。裁判員裁判は、判決言渡し後、裁判官、検察官、弁護人の三者で反省会を行うのですが（これは全ての裁判所で行っているかはわかりません。私はいくつかの裁判所で裁判員裁判の弁護人をしたことがありますが、その全ての裁判所では行われていました）、そこでは、裁判官から、裁判員のアンケート結果が知らされます。本件の裁判員のアンケートにおいて、ほとんど全ての項目において、検察官より弁護人の方が評価が高かったそうです。裁判長も、「何十件も裁判員裁判を担当させていただいてきましたが、こんなアンケート結果は初めてです」と述べていました。さらには、右陪席の裁判官から、「先生は、裁判員の方の目を見てお話をされていましたよね？」「あれは、意識してやっていたことなんですか？」と質問されました。私は、「修習中に傍聴させていただいていましたので、あえて意識して目を見て話すようにはしていました」と答えました。すると右陪席の裁判官は、「やっぱりね。裁判員の方からは好評でしたよ。思いが伝わってきたって」と言うではないですか。よい結果が出たこともあり、大変嬉しい反省会でした。ちなみに、本件の冒頭陳述や弁論において、弁護側は一切パワーポイントを使わず、裁判官・裁判員に渡すメモも、項目だけを記載したＡ４で１枚のものでした。
本件は、公訴事実には争いがなく、いくつかの情状事実で争いがあっただけという、争点が単純な事件だったことも大きかったと思います。しかし、一般市民が人を裁くという裁判員裁判において、思いを伝えるということが１ミリくらいはプラスになるのかなと思わされた事件でした。

ワンポイントアドバイス

同種事案との詳細な比較には注意

弁護人は、裁判員量刑検索システムを用いて量刑分布表を閲覧する際、同種事案の事案の概要も閲覧することができ、担当する当該事案と比較して量刑事情がどのように違うのかを詳細に検討することが可能です。

したがって、弁護人の求める量刑がいかに適切かを考える際に、とある同種事案を持ち出して、当該事案と内容が似ていることや、当該事案との間で特定の事情を比較して、当該事案の方が事情が軽いから量刑も軽くなるべきだ、というような分析的な議論をしたくなることがあります。

しかしながら、そもそも裁判員量刑検索システムに記載されている事案の概要は非常に簡潔なものです。また、裁判官及び裁判員が量刑を決めるうえで、量刑分布表や同種事案の概要はあくまで参考として用いるだけであり、重要なのは当該事案の具体的事情に着目して量刑が決定されるということです。

弁論において、量刑分布表を用いて同種事案との比較をあまりに詳細に行い、そのことだけを理由に弁護人の求める判決がなぜ適切かを説明しようとすると、検察官から異議が出されたり、裁判員から「量刑分布で全て量刑が決まるのならば、自分たちは必要ないのでは？」という反感を買うリスクがあります。

そのため、弁論において量刑分布表を用いて議論をする際には、あくまで量刑分布表が量刑の決定のための参考資料にすぎないという点を踏まえ、当該事案の具体的事情から離れて事案同士を比較したにすぎない抽象的な議論にならないように注意が必要です。

Method
20 少年事件対応１（捜査段階）

▸ 少年と向き合おう

――少年法が適用される少年事件は、家庭裁判所の審判に至るまでの手続について、成年事件とはその内容を大きく異にする。また、手続の差異だけでなく、少年と接する際には、成年の被疑者等と接するとき以上の慎重さが求められる一方で、迅速に事実を確認し、弁護方針を定める必要がある。

手続面における注意点

少年事件においても、捜査段階では、警察署や検察庁に弁護人選任届を提出し、被疑者の弁護人として活動することになりますので、成年事件と同じ手続を踏むことになります。

しかしながら、勾留請求の段階で、早くも少年事件固有の問題が生じます。少年法は、少年の被疑事件においては、「やむを得ない場合」でなければ勾留請求をしてはならない旨を定めていますので（少年法43条３項）、勾留請求の回避や却下を求めるための弁護活動の際には、「やむを得ない場合」に該当しないことについても主張しましょう。

また、成年事件では、警察官から送致を受けた日に検察官が終局処分を行うことはまれですが、少年事件では、検察官が警察官から送致を受けた日のうちに、家庭裁判所に送致することは珍しくありません。痴漢事件や暴行事件等の単純な事案で、少年が被疑事実を認めている場合、直ちに家庭裁判所に送致されることを想定して、準備をしておく必要があります。

捜査機関に弁護人選任届を提出していても、家庭裁判所に送致されれば弁護人としての地位はなくなり、付添人としての地位も得られません。観護措置決定を回避するための活動を直ちに行うためにも、少年から弁護人選任届に署名をもらうのと同時に、付添人選任届についても署名をもらっておく必要があるでしょう。

少年とのコミュニケーション

また、少年から話を聞く際にも、成年に対する場合以上に配慮する必要があります。

前記のとおり、送検直後に家庭裁判所に送致される可能性もありますから、早い段階で事実関係を確認し、弁護方針を定める必要があります。少年の供述に不自然な部分がある場合には、そのような内容を捜査機関や家庭裁判所の調査官に話すことがないように少年にアドバイスをしなければなりません。

特に、少年の場合、成年と比較すると、どのような事実が大切なのかについて理解できていない場合が多いので、事実については丁寧かつ詳細に確認する必要があります。

一方で、早い段階で少年の話を疑うような態度で接すると、少年が弁護人（付添人）に不信感を抱くことが懸念されます。少年にとって、会ったばかりの弁護人（付添人）は、捜査機関と同じように、事件のことについて執拗に事実の確認を求める大人でしかありません。

少年に、弁護人（付添人）が捜査機関と同じような存在だと理解されてしまうと、真実を話してもらえなくなる可能性がありますから、弁護人（付添人）は捜査機関や家庭裁判所の職員とは異なり、少年の完全な味方であることを十分に説明し、少年からの信用を得ることが大切です。

信用を得るための手段は、少年や事案の内容ごとに異なりますが、事前に両親等から少年の趣味等を確認しておき、事件以外の話をすることなども有益といえます。

取調べに対するアドバイス

さらに、少年は、成年以上に、捜査機関による誘導に乗りやすい傾向にあるといえますので、黙秘させることなく取調べに応じる弁護方針で臨む場合には、不必要な内容を供述しないことや、はっきりと認識できていないことについては「わからない」と供述することなど、具体的なアドバイスをすることが求められます。

しかしながら、想定される質問内容に沿って、答え方を細かく指導したとしても、そのとおりに捜査機関の取調べに対応できる少年はほとんど存在しません。

少年事件においては、伝聞法則の適用がなく、捜査機関の作成した供述調書は全て裁判官の目に触れることになります。供述させることに不安が残る場合には、黙秘させることも検討しましょう。

観護措置回避に向けた活動

少年事件においては、家庭裁判所に送致された後、少年を少年鑑別所に送致する観護措置がとられることがあります（少年法17条1項2号）。

少年を早期に釈放するためには、観護措置回避に向けた活動を行う必要があります。

観護措置を回避するためには、罪証隠滅や逃亡のおそれがないことなどに加えて、収容してまで資質鑑別を行う必要性がないことなどについても主張する必要があります。

資質鑑別を行う必要性がないことを主張するにあたっては、高度な要保護性が認められないことだけではなく、少年の抱える問題点が明らかとなっており、少年や両親等によってその問題点が共有されていることなどを主張しなければなりません。

このように、成年事件においては、公判の際に主張すれば足りるような内容についても、少年事件においては、家庭裁判所に送致された直後に具体的に主張することが求められます。

さまざまな意味で、少年事件は時間との戦いだといえるのです。

体験談 1

試験観察を経て、なんとか少年院送致を回避

弁護士 4 年目　男性

長期間の勾留

オレオレ詐欺が話題になってから数年が経ちますが、いまだに特殊詐欺についての相談は後を絶ちません。

本件も、両親から息子が逮捕されたとの相談を受け、直ちに警察署に接見に行ったところ、特殊詐欺の受け子をしたことで逮捕されていたことがわかりました。

両親からの相談が、勾留決定後であったこともあり、私が少年と接見した時には、すでに余罪についても正直に全て供述してしまった後でした。

被害者も特定されていたため、複数回の再逮捕が懸念される状況にあり、結局、4 人の被害者に対する詐欺罪で、うち 3 件について逮捕手続がとられましたので、60 日以上もの間、警察署内に身柄を拘束されてしまいました。

莫大な被害額

最初に逮捕された際の被疑事実は、被害者宅付近に警察官が待機していたことから、詐欺は未遂にとどまりました。しかし、他の被疑事実は既遂に至っており、被害者から受領した金員についても、氏名不詳の共犯者に渡して、少年の手元には一切残っていませんでした。

しかしながら、家庭裁判所に送致された段階で、非行事実に記載されている被害総額は1,500万円を超えてしまいました。

少年は、極めて少額な報酬で、犯罪組織に利用されたにすぎないといえる事案ではありましたが、共同不法行為者（民法719条）として、被害額の全額を賠償しなければなりません。

首謀者は少年に対して自身の個人情報を伝えていませんでしたから、事後的に他の共犯者らに求償することは不可能でした。

少年と両親は、被害額が高額となってしまったことから、少年院送致を覚悟していましたが、できる限りのことをしたいという考えから、少年の家族で工面できる金額を前提に、被害金額の一部の支払いを条件とした示談交渉を行うことになりました。

調査官との面接

特殊詐欺の事案については、少年事件であっても、厳格な処分が出されることが多く、本件は被害額が高額であったため、私自身も少年院送致を覚悟しながら、付添人としての活動を行いました。

一方で、少年は小学生の頃からサッカーの練習に没頭しており、本件非行当時も大学のサッカー部に在籍し、日常的に犯罪組織と関わっているわけではありませんでした。本件では、部活動が長期休暇となる期間に、地元の友人に誘われ、短期間で高収入を得られるという誘い文句に乗り、特殊詐欺の受け子役を担うことになってしまったようでした。

少年に補導歴や非行歴はなく、両親もしっかりした方で、監督意思や監督能力も認められましたので、調査官と何度か面接を行い、非行事実と比較すると、少年に高度の要保護性は認められないことを伝えました。そして、被害額との関係で直ちに保護観察処分とすることに躊躇があるようであれば、試験観察（少年法 25 条 1 項）に付したうえで、試験観察中の行動や態度等を考慮して、あらためて少年に対する処分を判断すべきだと説得しました。

試験観察。そして……

複数回の面接を経て、調査官も、試験観察を相当とする意見の方向で考えてもらえるようになりました。一方で、被害者に生じた経済的損害や精神的苦痛の甚大さについて、十分に理解を深める必要があるという指摘も受けました。

そこで、試験観察中に介護施設におけるボランティア活動を行わせることに加えて、示談交渉中であった被害者との関係で、示談金の一部を分割払いとすることで、審判終了後も事件を忘れることがないような環境も整備しました。

審判当日は、裁判官から、かなり厳しい言葉をもらいましたが、結果的に試験観察に付されましたので、一時的に少年は両親のもとに帰ることができました。

両親も非常に喜んでいましたが、まだ少年審判は終わりではなく、試験観察中の生活態度を評価してもらう必要がありますので、少年と両親には、少年院送致の可能性も残されていることと、家庭裁判所からの宿題に真摯に取り組むように伝えました。

家庭裁判所に日記等を提出することになっていたため、裁判所に提出する前に、私がその内容を確認しました。家庭裁判所から課された課題には真摯に取り組めていたので、ボランティア活動中に考えたこと等、真摯に取り組めていることが伝わるように、詳細に記載するようにアドバイスしました。そして、最終的に保護観察処分を得ることができました。

被害額との関係では、少年院送致を回避することは困難そうに思えた事案でしたが、少年の可塑性を最大限考慮していただけた、少年事件ならではの経験でした。

体験談 2

年齢切迫でも諦めない!

弁護士2年目　女性

年齢切迫少年の付添人活動

少年法の適用年齢は「20歳に満たない者」(少年法2条1項)と規定されており、家庭裁判所が処分を決定する前に少年が20歳を迎えた場合には、事件は検察官に送致(逆送)され(同法19条2項)、通常の刑事手続に移行することになります。

したがって、20歳の誕生日が近い少年は年齢切迫少年と呼ばれ、警察署や検察庁はできるだけ早く家庭裁判所への送致を試みたり、家庭裁判所はできるだけ早く審判を開いて保護処分を決定しようとしたりすることが多いです。

こうした年齢切迫少年の事案の場合には、少年が20歳の誕生日を迎える前に手続を終えることで、起訴相当の事案であっても前科を免れたり、実刑相当の事案であっても保護観察処分が得られたりするというメリットがあります。

私が担当した、年齢切迫少年の特殊詐欺事件において、検察官や裁判官を説得して誕生日の前日に保護処分を得た事案がありますので紹介します。

裁判官を味方につけ、
家裁送致を急ぐよう検察官を説得！

少年が特殊詐欺の受け子として詐欺未遂の被疑事実で逮捕され、両親から依頼を受けて私が弁護人に就任した時点で、少年の誕生日までの日数は 40 日を切っていました。

勾留決定の後、私が担当検察官に確認したところ、勾留延長請求をして計 20 日間の勾留を求める予定であり、さらに別件の詐欺事件について再逮捕の予定であると言われました。もし、計 20 日間の勾留を経て、別件詐欺事件について再逮捕され、さらに 20 日間勾留されてしまうと、家裁送致前に少年が誕生日を迎えてしまいます。そうなれば、少年審判手続によって保護処分を得ることは不可能でした。

そこで、私は、検察官に対して、少年法の趣旨、目的や少年の更生可能性が高いこと等を理由に、勾留延長を請求することなく家裁送致し、別件については在宅で捜査を進めるよう求める意見書を提出しました。

しかし、検察官は勾留延長を請求しました。そこで、私は、検察官に提出したのと同旨の意見書を裁判所に提出したうえで、裁判官と面会して、本件は少年審判手続によって処分すべき事案であり、勾留が長引けば逆送を防ぐことは困難になることを説明しました。すると、裁判官も、私と同じ問題意識をもっていることがわかり、検察官に対して、延長日数を５日とするので早期に少年を家裁送致し、別件詐欺事件を在宅事件として捜査するように強く勧めてくれました。

その結果、少年は勾留 15 日目で家庭裁判所へ送致され、誕生日の前日に審判期日が指定されました。また、検察官は、別件詐欺事件について少年を再逮捕することなく在宅で捜査を進め、審判期日の数日前にその事件も家庭裁判所へ追送致しました。

保護観察処分を獲得

結局、当初の詐欺未遂事件に追送致された詐欺事件が併合され、少年の誕生日前日に両事件について審判が開かれました。そして、裁判官は、少年が深く反省の態度を示し、両親の監督意欲が高いことや、少年の進路が具体的に決定していることなどの理由により、少年に対して保護観察処分を決定しました。

もし、検察官や裁判官を説得することができず、当初の詐欺未遂事件について10日間勾留が延長されていたり、別件につき再逮捕されていたら、少年は通常の刑事手続によって起訴され、実刑になっていた可能性もあるでしょう。

少年にとっては、実刑となって前科が付くのと、保護観察処分によって社会での更生の機会を与えられ前科も回避できるのでは、その後の人生を左右するほどの大きな違いがあります。そのため、年齢切迫少年の付添人として少年事件の中で手続を終えるべく手を尽くすことには、大きな意義があると思います。

体験談 3

少年と正面から向き合う

弁護士6年目　男性

弁護士は少年に説教をする立場ではなかった

弁護士かけだしの頃に担当した少年事件の話です。

私は、当時も今も、「弁護士は依頼者の絶対的な味方である」ということを大切にしており、この少年事件の前の成年の刑事事件では、あまり依頼者に反省させることをやっておらず、依頼者本人が考えたことをできる限り尊重するようにしていました。ですが、少年事件と成年事件は同じではありません。私は、少年事件においては、少年自ら反省をするということは難しいだろうと考え、とにかく少年に反省してもらい、考え方が変わったところを裁判官にアピールしようと考えました。

少年に対し、「一緒に反省していこう。そうしたら裁判官もわかってくれるよ」と声をかけ、事件について少年に説教をし、少年の反省を促しました。「どこが間違っていたのかわかる？」「どうして当時は今考えているようなことを考えられなかったの」「そういう考え方だとまた同じことになっちゃうよ」少年は素直に私の言ったことを、「はい」と言って受け入れ、自分なりの答えを言ってくれました。付添人活動の甲斐もあって、無事に試験観察となり、当時の私は、少年事件では、まさに学校の先生とか親のように、少年を反省させることが大切なのだ、と考えていたのを覚えています。

しかし、試験観察中に、少年の素行が悪くなりました。原因を聞くと、家で母親とけんかしたのが原因のようです。私から見れば、母親はまっとうなことを言っているように聞こえました。私は、少年に対して少しがっかりし、鑑別所でやったのと同じように、少年に説教をしました。そのとき、少年は私に、「調査官も裁判官も、お母さんも弁護士も、みんな同じだ。誰も俺のことをわかってくれない」と言ったのです。私は衝撃を受けました。少年には、周りの大人と付添人が同じ立場の人間に見えていたのです。自分の考えが間違っていたと悟った瞬間でした。それ以降、「学校の先生」のような接し方はやめました。

非行はコスパが悪い！

まず、初めて少年に会った時に、付添人が他の関係者と異なる立場なんだということを印象付けます。

「僕は学校の先生とかとは違うから、○○くんがいい子になってほしいとか、そういうことは全く思っていない。いい子なんてむしろつまらないと思う」と明言します。薬物犯罪のように被害者がいない非行をした少年の場合には、「正直、僕は、薬物を使おうが使うまいが、どちらでもいいと思っている」とまで伝えることもあります。とにかく、付添人が少年を叱る立場ではないことを印象付けるためです。

ただ、同時に、付添人としてわかってほしいことを２つ伝えます。

１つは、非行をすることのコスパの悪さについてです。「でも、非行をすると、こういう風に捕まって４週間も鑑別所で過ごさないといけない。こういうことを繰り返すと何回も少年院に行くことになってしまうことになる。たかが大麻をちょっと吸っただけで長い間自由が奪われるから、非行をするってことはめっちゃコスパが悪いんだよ。それだけはわかってほしい」少年は、もう二度と身体拘束されたくないと思っているので、この発言はすんなり受け入れてもらえます。

もう１つは、自分がこれからするアドバイスは全部審判のためだということです。「僕は○○くんにいい子になってほしいなんて全く思ってないけど、裁判所は、いい子になってほしいと思ってる。弁護士の仕事は○○くんを少年院に入れないことだから、審判の場ではいい子になってもらう。そのためにいろいろ考えてもらうし、時には厳しいことを言うこともある。でもそれは審判のためであって、僕の本心とは限らないから、それはわかってね」と言うことで、付添人が本心で叱っているとは限らないことがわかってもらえます。

そのうえで、一緒に反省を深めていきます。反省を促す際、はじめは、「裁判官はこう思うと思う」ということを強調します。多くの少年はとても素直なので、途中からは、裁判官の存在を出さなくても、付添人の考えを示せば、素直にそれをいったん受け入れて、真剣に考えてくれます。時には、少年が付添人と異なる強い考えをもっていたとしても、正面から付添人の意見をぶつけることもあります。付添人と少年との間に信頼関係ができていれば、「いい子にならなくていいと言っている弁護士がここまで言っている」ことの意味を少年がくみとってくれて、真剣に付添人と議論してくれます。

少年のような気持ちで接しよう

私はまだ結婚していませんし、子どももいません。年齢も少年の両親より少年の方がずっと近いです。そのため、このような接し方がうまくいっているのかもしれません。「自分に子どもができると少年事件での少年との接し方も変わってくる」とよく言われますが、少年と良好な関係を築けている限りは、今のやり方を続けていこうと思っています。

ワンポイントアドバイス

責任主義ではなく保護主義

少年事件においても、少年に対する処分を決める際に中核となる考慮要素の１つは、非行事実自体の悪質性です。

これまで補導歴や非行歴がなく、真面目な生活態度であったとしても、非行事実が悪質な場合には、少年院送致の可能性が極めて高くなります。

一方で、少年審判においては、非行事実に対する刑事責任の軽重を判断するのではなく、少年の要保護性に応じた処分を判断します。ですから、非行事実の悪質性が顕著な場合であっても、当該非行に至った背景事情などを明らかにして、非行事実の悪質性が少年の要保護性に直結しないことを強調することで、少年院送致を回避できることもあります。

両親らと綿密に打合せを行い、少年の社会内での更生環境をしっかりと整備して、付添人として自信をもって少年院送致の必要性がないことを主張できるように準備すべきでしょう。

年齢切迫による逆送を防ぐことが最善とは限らない

体験談2に登場したような特殊詐欺の受け子の事案は、成年の刑事事件では起訴相当事案であって、初犯であっても実刑判決を受ける可能性が高い事案です。

一方で、少年審判手続においては、特殊詐欺の受け子の事案であるからといって必ずしも少年院送致処分となるわけではなく、少年の反省や家族の協力、進路等に関する環境調整によって保護観察処分が得られることも少なくありません。

さらには、少年事件では前科が回避できることも考慮すると、このような事案における年齢切迫少年の場合には、逆送を防ぐことが少年にとって最善の付添人活動といえます。

一方で、痴漢や盗撮、強制わいせつや強制性交等などの性犯罪事案においては、成年であれば示談の成立によって不起訴処分や執行猶予付き判決が見込まれる一方で、少年審判手続においては、常習性や事案の重大性によっては示談が成立した場合でも保護観察処分や少年院送致処分となる可能性があります。

このような事案で示談が成立している場合には、あえて誕生日を迎えて成人の刑事手続に進んだ方が少年の利益にかなう場合もあるため、注意が必要です。

Method

21 少年事件対応2（審判段階）

▸ 調査官を味方にしよう

——家庭裁判所に送致された後の手続は、成年の刑事事件における手続と大きく異なる。調査官との面談や証拠の提出等、審判準備の段階に加えて、審判期日の進め方についても、成年事件における刑事事件の手続との違いを強く意識する必要がある。

まずは審判不開始の可能性を検討する

少年事件においては、全件送致主義がとられており、捜査機関は、捜査を行った事件について、犯罪の嫌疑が認められる場合には、必ず家庭裁判所に送致しなければなりません（少年法41条及び42条）。しかしながら、全件送致主義は、全事件について審判を行うことを意味するものではなく、家庭裁判所での調査の結果、審判に付することが相当ではないと判断された場合には、審判不開始決定によって手続を終えることができます（少年法19条1項後段）。

そこで、送致直後に審判開始決定がなされるような事案でなければ、すでに要保護性が解消されていることなどについて、付添人から意見書を提出し、審判不開始決定を目指した活動を行うことが求められます。

調査官との関係性構築

少年事件においては、家庭裁判所の調査官が、少年の要保護性等の調査を行います。調査官は、少年と面談し、少年の両親等の関係者とも面談を行ったうえで、少年に対する処遇意見を述べることになります（少年審判規則13条）。

裁判官は、審判の際の一度きりしか少年と話す機会がない場合がほとんどですから、調査官の処遇意見を非常に重視しますし、調査官の処遇意見に沿った決定を下すことが多いです。

そこで、付添人としては、少年が調査官との面談の際に、しっかりと自身の考えを伝えることができるように、少年を指導しておく必要がありますし、付添人自身も、調査官と直接面会するべきでしょう。

調査官と最初に話す際には、調査官が初回の面談の時から少年と円滑にコミュニケーションがとれるように、少年の特性等について伝えておくことなどが考えられます。また、調査が進んだ段階においては、調査官が抱いている問題意識を聞き出しておくことで、少年や少年の両親とともに、その問題を解決する方法について協議しておくことが可能になります。

意見書の提出

少年審判においては、全記録送付主義がとられていますので（少年審判規則8条2項）、捜査機関が作成・収集した一件記録が家庭裁判所に送付されます。そして、付添人は当該記録について閲覧できますので（少年審判規則7条2項）、早い段階で記録を確認し、あわせて謄写（同条1項）するべきでしょう。

また、付添人からも、適宜、意見書を提出できます。裁判官は、審判の前に全ての記録に目を通していますから、審判の前までに、事実上、少年に対する処分を決めてしまっている場合が多いものといえます。裁判官の判断に影響を及ぼすためには、審判期日の２日ほど前までには、付添人意見書を提出しなければなりません。

また、前述したとおり、裁判官は調査官の処遇意見を重視しますので、調査官の判断にも影響を及ぼしたい場合には、調査官が処遇意見を決める前に意見書を提出する必要があります。

もっとも、調査官の処遇意見が出される前に意見書を提出した場合であっても、処遇意見を確認した後には、当該意見の内容を踏まえた意見書を、あらためて提出するべきです。

証拠の提出

少年審判においては、成年事件とは異なり、刑事訴訟法298条１項が定めているような証拠調べ請求権は定められておらず、証拠調べの申出（少年審判規則29条の3）によって、裁判所の職権の発動を促すことしかできません。

一方で、全記録送付主義がとられていることから、伝聞法則の適用はないものと解されていますから、付添人弁護士も、各関係者作成にかかる書面や弁護士名義の報告書等について、適宜、裁判所に提出することが可能です。このような書証についても、意見書と同様に、裁判官が心証を固める前の段階で提出する必要があります。

審判期日の活動

少年事件の審判期日では、人定質問、黙秘権の告知、非行事実の認否の確認の後、直ちに裁判官から少年に対する質問がなされることが多いです。そのため、非行事実を争っている事件等で、付添人の質問を先行させたい場合には、事前に裁判官と協議しておく必要があります。

裁判官からの質問が先行する場合、事前に供述の流れを少年と付添人との間で決めておくことができません。この点が、成年事件における被告人質問との大きな違いになります。

とはいえ、事前に、裁判官による質問内容を想定し、その全てについて回答を準備しておくことは不可能です。そこで、軸となる供述の内容をしっかりと掘り下げて準備し、非行に至った原因と、再非行防止に向けた環境調整を関連付けて理解できるように、少年と何度も協議をする必要があります。

また、付添人も、少年や少年の両親に対して質問することができますので、事前に少年や少年の両親と協議してきた内容を、裁判官に正確に理解してもらえるように、裁判官とのやり取りで十分に伝わらなかった内容を追加して質問することになります。

特に、少年との関係では、成年の被告人に対するとき以上に、平易な言葉を用いて質問するように注意する必要があります。

また、緊張等により、質問した内容に適切に答えられない場合には、口調を少しくだけたものにしたり、多少の誘導を交えながら質問したりするなどの工夫が求められます。個人的な経験になりますが、要保護性に関する内容を質問する際に、付添人の質問が誘導的であることを理由に、質問を止められたことはありませんので、少年が混乱してしまっている様子がある場合には、一度、答えを誘導してあげてから、次の質問に進むことも有意な手段と言えます。

体験談1

逆送からの裁判員裁判

弁護士15年目　男性

少年との面談（接見）

昨日逮捕されたという、少年の両親からの依頼でした。

逮捕については報道もされていましたが、被疑者（少年）は、ほかの共犯者ら3人とともに、リンチのうえで被害者を死に至らしめたという惨い事件でした。

一体少年はどんな不良なのかと、事務所の後輩と2人でいささか暗い気持ちで警察署におもむきましたが、接見室に入ると、曇りのない目をした、体格はよいもののあどけなさが十分に残っている少年がお辞儀をしてきました。

少年は、事実関係、経緯についてとつとつと、嫌がるそぶりもなく一つひとつ丁寧に答えていました。時折笑顔を混じらせながら語るので、大人の目から見て、あまり罪の意識を感じていないようにも感じられましたが、目を潤ませるような様子も垣間見え、自分の中で現実を受け止め切れず、処理し切れていないのだろうとも感じました。

なぜこんな少年が、こんな惨い事件を起こしたのだろう。警察署を後にした私と後輩は、接見前よりむしろ暗い気持ちになりました。

弁護人・付添人活動

初回接見後も毎日、後輩と手分けをしながら、そして元事務所の先輩にも弁護人として協力してもらいながら、接見におもむきました。

両親からの伝言を伝えたり、他愛のない世間話をしたり、少年の持前の明るさ・人懐っこさから、少年との信頼関係は特にこちらが神経を使うことなく育まれて、深くなっていきました。

弁護方針としては、さすがに観護措置決定は避けられないので、逆送を避け審判を開いてもらう、というものでした。なお、逆送がされるとすればその理由は年齢超過（少年法19条2項）ではなく刑事処分相当の方です（同法20条1項、2項本文）。

逆送となれば、傷害致死事件ですので裁判員裁判となります。少年に裁判員裁判の負担をかけることは望ましくないのは当然、少年は刑務所に行くことがほぼ確定してしまいます。是が非でも逆送は避けなければなりませんでした。

示談交渉をしつつ、調査官には面談を求め、鑑別所にも毎日のように通い付添人としての熱の入れようについてもアピールしながら、少年の可塑性や両親の監護等の社会資源がいかに充実しているか、保護処分を優先させるべきことを厚く論じました。

鑑別所の意見は「収容保護（中等少年院）、長期処遇」でしたが、調査官の意見は「検察官送致相当」でした。

果たして少年に対しては逆送決定が下されました。

公判

それから数週間の公判前整理手続を経て、いよいよ公判が始まりました。

私は先輩を差し置いて主任弁護人となり、最も重要であろう弁論を担当することになりました。

余談ですが、裁判長は教官も務めたいかにも優秀な方で、教育目的だったのでしょう、若い検察官に対しては非常に厳しく対応していて、その検察官が休憩中にトイレで涙をぬぐっていたことを後輩から聞きました。

さて、公判においては、裁判員に対して、少年がいかに未熟であるか、正しい判断能力が欠如していたか、したがって刑務所ではなく少年院での矯正教育が適当であるとアピールすることに徹しました。

公判中は毎日終電近くまで３人で議論を交わし、協議を重ねました。

その甲斐あってか、少年院とはいかなかったまでも、ほぼ弁護人の主張は受け入れられ、他の被告人らとのバランスが考慮された妥当な判決となりました。

少年も少しすっきりした表情で、「これから頑張ります」と語ってくれました。

判決後

少年はとある少年刑務所に収監されましたが、少年と心を通じた私は２度、少年との面会に訪れました。少年は大いに喜んでくれました。
そして、熱いまなざしで勉学に励んでいることや将来の夢を語ってくれました。

さらにその数年後、刑期を終えた少年は事務所まで挨拶に来てくれました。大検をとって大学受験をするんだと、やはり熱く語ってくれました。

その後は連絡がありませんが、便りがないのが元気な証拠と思い、少年のその後の活躍を祈るばかりです。

体験談 2

可塑性って……

弁護士７年目　男性

審判までの経緯

当番弁護で出動したところ、19歳の少年の傷害事件で、そのまま国選弁護人となり、その後、援助制度を使って付添人となり、審判までお付き合いした事件がありました。送致事実として、複数件の事実があり、被害の程度も大きい（全治数か月の怪我を負わせてしまっていた）こともあり、かつ、未成年ながらいずれも酒に酔ったうえでの暴行という、少年院送致の可能性が非常に高いと思われる事案でした。

しかしながら、私が接していた限りでは、大変素直な少年であり、家庭環境にも大きな問題があるとはいえず、さらには、少年が通っていた学校も大いにバックアップしてくれていた（校長名で上申書も出していただけました）ことから、犯情の悪質性はあるものの、保護処分にとどめるべきとして、全力で頑張って活動をしました。各被害者とも示談を成立させ、これ以上何をしますか？　というくらい準備を整えて審判を迎えました。

審判後

しかしながら、審判結果は少年院送致となってしまいました。審判直後に少年と面会し、話した際には、「数か月間、本当にありがとうございました。先生がいたから頑張れました。自分がやったことなので、結果は受け入れます」と言ってくれました。ここまでなら、それなりに頑張って付添人をやっているとあることかと思います。この少年は、少年院からも、月に１回くらい手紙をくれて、自分の将来に向けての相談をしてきました。そうして、晴れて出所となり、両親から、少年から私に挨拶したい、自分の将来について決めたことを話したいと言っているので時間を作ってくれませんかという連絡をいただきました。当然、拒む理由もありませんので、スケジュールをあわせて面談をしました。すると、少年は、「先生に会うまでは、弁護士って偉そうなジジイってイメージだったんだけど、先生と会って、弁護士かっこいいって思ったんで、なれるかどうかわからないけど、俺も弁護士目指します」と言ってくれました。それこそ、未成年で毎晩飲み歩き、酔っぱらってはけんかしてという生活をしていた少年が、こんなことを言うようになったんだと私は驚いたのですが、それ以上に、ご両親が涙を流して、私に感謝してくれたのが忘れられません。

弁護士の仕事、特に刑事事件は、頑張っても報われないことがままあるかとは思いますが、弁護士になってよかったなと思わせてくれた事件の１つでした。

体験談３

時間がない！！！

弁護士３年目　男性

国選の電話がかかってきた

東京の場合、国選付添人の待機日でもまず電話がかかってくることがないというのが実情かと思います。ほとんどの場合、被疑者段階の弁護人が引き続き付添人に就任するのと、国選付添人を選任するか否かは、基本的に家庭裁判所の裁量だからかと思われます。

とある日の国選付添人の待機日も、どうせ電話はないだろうと思って通常業務をしていたところ、なんと法テラスから電話があるじゃないですか。電話をいただいたので、断ることもできず、国選付添人につくこととなりました。本件に国選付添人がつくことになったのは、逮捕勾留が大阪で、大阪家庭裁判所に送致され、その後少年の住所地が東京であったため、東京家庭裁判所に移送されたという経緯でした。

その後、家庭裁判所の書記官から電話があり、事案の概要を聞くと、外国人で否認事件だとのこと……。何ですかそれは？？？　と半ばパニックに陥りました。少年事件、外国人事件、否認事件、どれ1つとってもそれなりの負担があるかと思うのですが、お替りどころか特盛が来たってところでしょうか。さらには、家庭裁判所の書記官からは、「否認事件なので、中間審判も視野に入れておいてくださいね。正式には、裁判官の指示でご連絡いたします」と言うじゃないですか。「中間審判」という言葉自体、その時初めて聞いたワードでしたが、さすがに「中間審判って何ですか？」とは聞けず、電話を切ってから、急いで調べたという状況でした。

審判に向けて

本件は、知能犯係が担当する類の事案で、送致事実が13件もあるという事案でした。まずは法律記録の閲覧に行き、謄写申請をすることにしました。すると、謄写丁数が5,000丁ほどで、謄写費用が25万円を超えてしまうということになりました。高いからやめますとは言えず、仕方なく支払いましたが……（なお、記録謄写費用と通訳人費用の合計が10万円を超えた場合は、事件終了を待たず法テラスに中間払いを請求することができます）。

それだけの記録がある中、審判は、通常、観護措置決定から4週間以内に開かれるのですが、それまでの間に中間審判は開かれます（特別更新（少年法17条4項ただし書）によって、審判期日を4週間以降に指定することもあるようですが、本件ではそれがありませんでした）。本件は、3週目に中間審判を開き、4週目で最終の審判を開くということになりました。被疑者段階から担当していれば、事案も把握していて、少年との信頼関係も築けていて事前準備もできるかと思いますが、本件は、観護措置決定が出てからの選任です。5,000丁の記録に目を通しながら、鑑別所へ面会に行き、少年から事情を聞きつつ心を開いてもらわなければならないという、まさにミッションインポッシブルな事案です。当然、その他の通常業務を放り出すわけにもいきませんので、付添人就任から審判までの4週間は、本当に地獄の日々でした。

とはいえ、何とか、無事に審判までを終えることができました。審判終了後には、裁判官から、「本当に無茶振りして申し訳ございませんでした。先生のご協力で無事に終えることができました」とおっしゃっていただきましたが、あしたのジョーのように灰になっていた私には、そんなことを言われても1円にもならないんですけどというのが正直な感想でした。

体験談４

少年の説得に失敗。鑑別所へ

弁護士８年目　男性

遠方に居住する父親からの依頼

数年前の話になります。

東京の警察署に逮捕されている息子と面会するため、九州から来ているという父親から相談の電話がありました。

話を聞くと、見知らぬ人の鞄を置き引きしようとして、被害者の方と口論になった際に、被害者に手を出して怪我をさせてしまったということでした。

友人が共犯者となっており、少年は置き引きの実行行為に及んでいなかったため、傷害罪として取調べを受けているとのことでした。

話を聞いた限り、非行歴もないようでしたし、被疑事実も全て認めており、被害者も軽傷しか負っていなかったため、早期の釈放が見込めると思いました。

しかしながら、父親から相談があった日には、すでに勾留決定の日から５日以上が経過しており、速やかに弁護活動に着手する必要がありました。

すれ違う父子の想い

少年は、高校卒業を機に上京したものの、すぐに仕事をやめてしまい、親からの仕送りのみで生活しているような状況でした、父親としては、今回の事件を機に九州に戻って、実家で生活させることを望んでいました。

実際に、東京では、少年を適切に指導できる人はいないようでしたから、私自身も、少年の生活を立て直すには一度実家に戻った方がいいように思いました。

最初に少年と接見した際、少年は、私の話を非常に素直に聞いてくれていました。事前に、少年が野球好きであることを確認しており、プロ野球の話等も織り交ぜつつ話をすることができましたので、スムーズにコミュニケーションが図れているように感じました。

そのため、九州に戻ることについても、理由をしっかり話せば納得してくれると思ったのですが、九州に戻ることについては頑なに拒んでおり、なかなか納得してもらうことができませんでした。

父親と一緒に連日接見を行い、九州に戻ることについて説得したのですが、一大決心をして上京したにもかかわらず、なにも得られないまま実家に戻ることについて、大きな抵抗があるようで、最後まで東京での１人暮らしを続けることを望んでいました。

裁判官からは案の定……

結局、勾留延長は請求されず、私が弁護人として選任されてから３日ほど後に、少年は家庭裁判所に送致されました。

実家に戻ることについて納得してもらえませんでしたので、東京での１人暮らしを続けることを前提に、観護措置回避の意見書を起案し、裁判官との面接も行いました。

裁判官は、案の定、少年を指導できる人間が誰もいない環境下で少年を生活させることについて難色を示しました。私は、３日間という期間は、少年が九州に戻ることを決断するには短すぎ、父親と付添人が説得している最中であることに加え、東京で生活している間も父親が定期的に少年を訪問し、付添人も少年と直接面会して指導を行うことを伝えました。

しかしながら、結局、少年は鑑別所に送られることになってしまいました。

決心の理由は？

鑑別所での生活を始めて３日ほど経った後、少年は九州に戻ることを決意してくれました。少年の誓約書等を添付して、観護措置決定の取消しを求めましたが、認められませんでした。

裁判官との面接の際には、少年が両親とともに生活する場合には、観護措置をとることなく、実家の管轄である九州の家庭裁判所に移送することを検討している様子でしたので、非常に悔しい結果となってしまいました。

なぜ、少年は鑑別所に送られた後、心変わりをしたのでしょうか。振り返って考えてみると、少年は事件を甘く考えていた節がありましたから、九州に戻ることなく、鑑別所にも送られずに、東京での１人暮らしを継続できると思っていたように思います。

また、鑑別所に入った後、少年の親友からの手紙を見せました。それは、私と父親が延々と本人に伝えていた内容とほとんど同じでしたが、親友という異なる立場の人間からの助言に、少年はかなり心が揺らいでいる様子でした。

もっと早い段階で、少年を決意させるためにはなにがキーとなるのかについて気づければよかったと後悔の残る事件でした。

ワンポイントアドバイス

あっという間に家裁送致

体験談４では弁護人として選任されてから３日ほどで家庭裁判所に送致されており、観護措置の回避を求める活動が後手後手に回ってしまったようです。

しかしながら、少年事件において、少年が被疑事実を認めているような場合には、送検された日に家庭裁判所に送致されることも珍しくありませんし、成年の事件であれば勾留延長が見込まれる事案であっても、勾留延長の請求がされずに家庭裁判所に送致されることもあります。

そのため、少年事件においては、初回接見の段階で、確認すべき事実関係が極めて多岐にわたることに加え、弁護方針についても少年と共有しておくことが望ましいといえます。

一方で、少年が最初から弁護人に心を開いてくれるとは限りませんし、悪い第一印象を抱かれてしまうと、家庭裁判所に送致される前に信頼を取り戻すことは非常に困難になります。

少年事件の初回接見については、相当に時間をかけることを覚悟しておくべきでしょう。

少年と心を通わせよう

少年らは総じて、悪人などではなく、家庭や友人や地域の環境に影響されることによって善悪の判断が麻痺したり、くだらない体裁を守るためであったり、自己の欲求を抑えられなくなったりして、法を犯しています。「なぜこの子が」という疑問、悔しさに似た感情を覚えなかったことはほとんどありません。

弁護士として、法律の専門家として活動するのは当然ですが、少年にはもう１つ別の観点で、気持ちを許して、心を広げて接していただきたいと思います。

執筆者一覧

編集・執筆

田中　博尊　弁護士（57期・東京弁護士会）／自由が丘総合法律事務所

中村　一樹　弁護士（57期・東京弁護士会）／弁護士法人遠藤綜合法律事務所

川端　克俊　弁護士（59期・東京弁護士会）／弁護士法人遠藤綜合法律事務所

本多　貞雅　弁護士（61期・東京弁護士会）／本多総合法律事務所

執筆

板倉　武志　弁護士（67期・東京弁護士会）／水津正臣法律事務所

岡本　裕明　弁護士（64期・東京弁護士会）／弁護士法人ダーウィン法律事務所

柏本　英生　弁護士（69期・東京弁護士会）／弁護士法人中村国際刑事法律事務所

紙尾　浩道　弁護士（69期・東京弁護士会）／日比谷見附法律事務所

川口祐佳里　弁護士（64期・東京弁護士会）／ルネス総合法律事務所

小寺　悠介　弁護士（66期・東京弁護士会）／KODAMA法律事務所

坂本　一誠　弁護士（70期・東京弁護士会）／弁護士法人中村国際刑事法律事務所

佐々木さくら　弁護士（69期・東京弁護士会）／弁護士法人中村国際刑事法律事務所

角　　学　弁護士（69期・東京弁護士会）／葛飾総合法律事務所

関口　慶太　弁護士（63期・東京弁護士会）／今井関口法律事務所

田中　　翔　弁護士（68期・東京弁護士会）／桃尾・松尾・難波法律事務所

西野　優花　弁護士（69期・東京弁護士会）／早稲田リーガルコモンズ法律事務所

サービス・インフォメーション

通話無料

①商品に関するご照会・お申込みのご依頼
TEL 0120 (203) 694／FAX 0120 (302) 640

②ご住所・ご名義等各種変更のご連絡
TEL 0120 (203) 696／FAX 0120 (202) 974

③請求・お支払いに関するご照会・ご要望
TEL 0120 (203) 695／FAX 0120 (202) 973

●フリーダイヤル（TEL）の受付時間は、土・日・祝日を除く
9:00～17:30です。

●FAXは24時間受け付けておりますので、あわせてご利用ください。

こんなところでつまずかない！
刑事事件21のメソッド

2020年2月15日　初版発行

編　著　東京弁護士会 親和全期会

発行者　田　中　英　弥

発行所　第一法規株式会社
〒107-8560　東京都港区南青山2-11-17
ホームページ　https://www.daiichihoki.co.jp/

デザイン　中村圭介・平田賞
（ナカムラグラフ）

刑事事件21　ISBN 978-4-474-06911-4　C3032 (2)